L'Inquisition

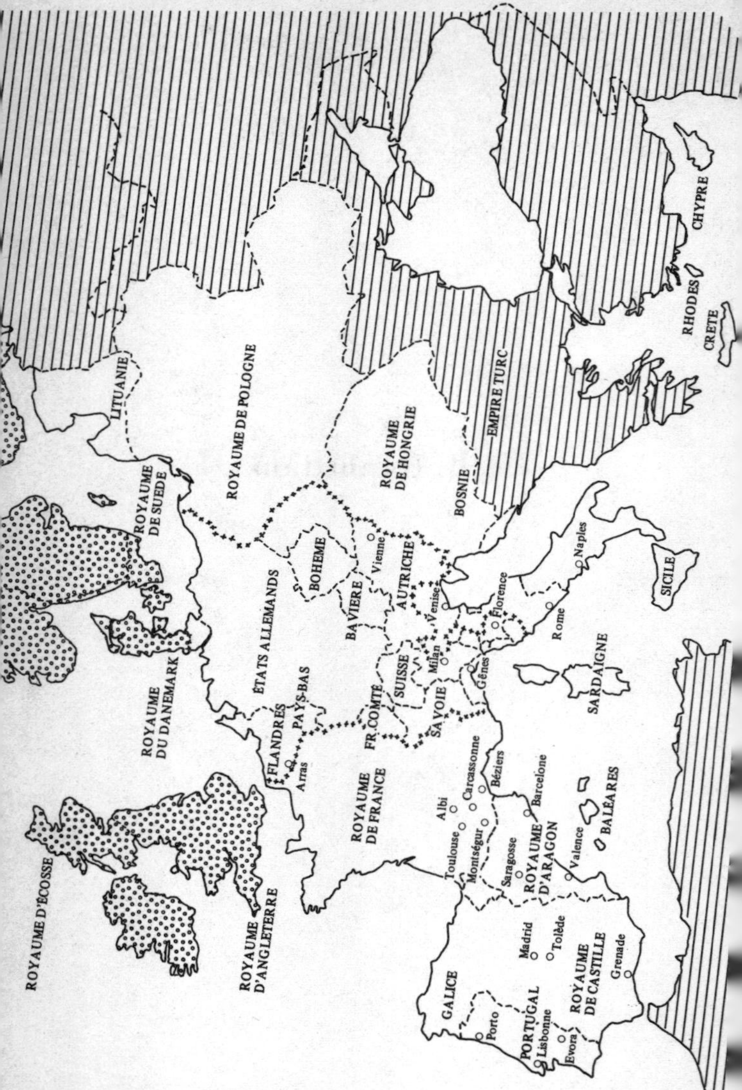

Croix : Limites du Saint Empire romain.
Pointillés : Limites de royaumes et d'états vers 1500.
Hachures : États dont le souverain n'est pas chrétien vers 1500.
Points : États chrétiens qui n'ont pas officiellement connu l'Inquisition.

Jean-Pierre Dedieu

L'Inquisition

cerf
fides

ISBN 2-204-02830-4
ISSN en cours
ISBN Fides 2-7621-1378-4

Introduction

Une vision d'historien

Ce livre est l'œuvre d'un historien. Etre historien, c'est d'abord nommer, nommer avec précision, en fuyant les abus de langage ; ou alors, il n'y a plus de science. L'Inquisition dont je parle sera donc la « juridiction spéciale exercée par des délégués du pape pour la répression de l'hérésie », pour reprendre la formule de l'un de mes plus illustres prédécesseurs. Formulée en ces termes, la définition est complexe. Rassurons-nous, elle s'éclairera. Elle limite le champ de cet ouvrage à l'étude d'une institution que l'on s'accorde à faire naître, après une lente maturation, en 1231 et qui persistera au moins jusqu'au début du XIXe siècle ; qui, par définition, se développera au sein du seul monde catholique et qui aura pour but la répression d'une catégorie particulière de délits : l'hérésie. Ce sera donc un tribunal d'Eglise, agissant, en principe du moins, dans le seul domaine religieux. On l'appellera aussi « Saint-Office ».

A beaucoup, cette définition paraîtra trop restrictive. Laissons de côté le langage courant qui évoque le terme à propos de toute oppression ; dans un registre plus scientifique, on l'utilise pour discourir sur les purges staliniennes, sur les autocritiques de la Révolution culturelle ou, à juger par un ouvrage récent et d'ailleurs remarquable, sur le Mac Carthysme. Il y a là un fond de vérité : le Saint Office a régi les rapports d'une idéologie à une institution de pouvoir et c'est également ce dont il s'agit dans les exemples que je viens de citer. Il n'est pas interdit cependant de refuser l'amalgame : chacune de ces catégories ne prend son sens que dans le contexte historique qui l'a produite ; les juxtaposer en quelques pages en n'insistant que sur les ressemblances constituerait un abus et une tromperie.

Car au contexte historique, j'accorderai la plus haute importance. Tout mon effort consistera à lier des faits que je rapporterai à d'autres, concomitants, sans lesquels ils ne signifient rien. On ne cherchera donc pas ici une condamnation bruyante des tyrannies de toute espèce, ni l'indignation bien pensante qui remplace si souvent l'analyse en ces matières. J'ai pleuré en lisant le récit de certaines affaires, d'émotion devant la grandeur d'un martyr ou de rage en voyant ce qui se faisait au nom du Christ. Mais c'est au-delà que je veux aller, jusqu'à découvrir quelles forces, quels mécanismes ont rendu cela possible.

On l'aura compris, mon souci n'est pas d'apologétique. Mais on a fait courir sur l'Inquisition de si fantastiques légendes que le simple rétablissement d'une perspective adéquate, avalisée par l'accord unanime de ceux que la communauté scientifique reconnaît comme les meilleurs spécialistes, peut ressembler à un plaidoyer. Je récuse d'avance toute utilisation qui pourrait être faite d'une page de cet ouvrage en dehors de son contexte. Il constitue un tout. Je demande qu'on le traite comme tel.

I

Aux origines (XIe-XIIIe siècles)

a) Une Eglise dynamique dans un monde rénové.

1) Le dynamisme de l'Occident chrétien. C'était un monde bien différent du nôtre. La chrétienté occidentale était loin, vers l'an mil, de dominer la planète. Peu avant, elle ressemblait encore à une cité assiégée, menacée au sud par l'expansion musulmane, attaquée au nord par les Normands, coupée à l'est de Byzance, l'autre grand empire chrétien. On put craindre un moment de la voir submergée.

Au XIe siècle, la crise était passée. La population s'accroissait, des terres étaient défrichées. Les hommes, surtout, apprenaient à dominer l'espace dans lequel ils vivaient, à l'organiser, à l'exploiter systématiquement, à le quadriller d'églises, de routes et de villages. Partout, ils se regroupaient en noyaux de peuplement moins nombreux, mais plus gros, sous l'autorité de chefs plus proches, mieux capables de coordonner leurs efforts. Bref, ils s'organisaient sur une échelle dont on avait perdu l'habitude depuis la chute de l'Empire romain, six cents ans auparavant.

Déjà, les premiers résultats se faisaient sentir : la misère physiologique s'atténuait, la menace de famine se faisait moins pressante. En Pologne, en Allemagne, les guerriers d'Occident repoussaient et convertissaient les païens ; en Espagne, ils reprennaient Tolède sur les Maures (1088) ; les nefs des Italiens, Pisans, Génois et Vénitiens, sillonnaient à nouveau la Méditerranée et supplantaient les marchands orientaux. Les croisés entraient à Jérusalem (1099) et à Byzance (1204).

2) Les rois, le Pape et l'Empereur. Un personnage avait jusqu'ici dominé la scène, l'Empereur, successeur de Charlemagne, vicaire de Dieu, choisi par lui pour incarner et gouverner la chrétienté latine. Peu de contrées qui ne relèvent de lui : les rois de France mêmes devaient accepter sa suprématie de droit, et son autorité, pour lointaine et menacée qu'elle fût par des mouvements centrifuges, n'en était pas moins réelle en Allemagne et en Italie. L'Eglise était sa chose : il faisait les papes, qu'il défendait contre une noblesse romaine fort remuante ; il protégeait couvents et monastères ; il nommait évêques et abbés et les utilisait à son service : en lui, temporel et spirituel ne faisaient qu'un.

Mais ce n'est pas autour de lui que s'effectua la réorganisation qui dynamisa l'Europe. En profitèrent des chefs plus proches des réalités, au pouvoir moins brillant mais effectif, au niveau local, puis régional : les comtes de Flandres ou de Catalogne, le roi de France, à partir de ses domaines d'Ile-de-France, les cités italiennes, de minuscules seigneurs parfois, des abbayes... L'Europe se fractionnait en entités indépendantes.

Alors naquit une Eglise nouvelle. L'idée réapparut qu'elle aussi devait transformer le monde et participer à son organisation selon ses critères propres, en vue du salut des hommes et que cela pouvait ne pas correspondre aux intérêts du pouvoir politique ; qu'il fallait donc lui rendre son autonomie, en restituer le gouvernement aux clercs.

La séparation fut dramatique : de Grégoire VII à Innocent III, il fallut près d'un siècle et demi de luttes pour que la papauté en fasse admettre le principe à l'Empereur (1073-1216). N'exagérons rien : on resta bien en deçà de la séparation totale de l'Eglise et de l'Etat que nous connaissons aujourd'hui. Le souverain était toujours un personnage sacré, responsable en partie du salut de ses sujets ; il gardait un droit de regard sur leur vie religieuse. Il avait le devoir de défendre l'Eglise et de lui prêter main forte, mais il refusait de se mettre aveuglément à son service, se réservant un ample pouvoir d'appréciation. Un équilibre instable, fait de tensions et de complicités mêlées, s'instaurait entre les deux institutions. Il durera jusqu'à la fin du XVIIIe siècle. L'histoire de l'Inquisition est incompréhensible en dehors de ce contexte.

De tout cela, la papauté sortit plus forte. C'est elle qui avait mené le combat pour la « liberté » de l'Eglise. Certes, il avait fallu transiger et tous les objectifs des réformateurs n'ont pas été atteints. Mais le pape s'était libéré de la tutelle impériale et avait constitué autour de lui une administration efficace, composée de techniciens compétents. Son prestige surtout était immense et le clergé le reconnaissait largement pour son chef, comme le marque, après trois siècles d'interruption, la reprise des conciles œcuméniques, pour la première fois réunis autour de lui (Latran I, 1123). La chrétienté latine, autrefois multipolaire, avait maintenant un chef. On reste loin en ce domaine de ce que l'on verra dans la seconde moitié du XIXe siècle ou la première du XXe. Le Souverain Pontife n'en était pas moins désormais un personnage avec lequels tous, en Europe, devaient compter.

3) La procédure inquisitoriale. Il le marqua en multipliant des dispositions réglementaires, qui s'appliquaient à l'Eglise, mais dont les pouvoirs séculiers admettaient la valeur : ils s'en inspiraient et veillaient à leur application. Elles furent rassemblées, au XIIe siècle, dans un recueil que l'on mit sous le nom de Gratien et qu'on intitula *Décret*, qui constitue le fondement du droit canon. Jusqu'à la fin du XVe siècle, d'autres ouvrages viendront enrichir la collection : les *Décrétales*, le *Sexte*, les *Extravagantes*...

Progressivement, ces textes définirent, entre autres choses, une nouvelle manière de conduire les procès criminels. Jusque-là, le juge était paralysé tant qu'un « accusateur » ne s'était pas manifesté pour enclencher l'affaire. Or, se constituer comme tel n'était pas une mince responsabilité : l'accusateur prenait en charge la démonstration de la culpabilité de l'accusé et il était en principe passible de la peine du talion en cas d'échec.

L'un des points essentiels de la reprise en main de l'Eglise par le pape avait été la lutte contre la simonie, le trafic des choses saintes, l'une des bases du contrôle qu'exerçaient les laïcs sur la nomination des clercs. Pour faciliter l'action des juges pontificaux à l'encontre d'individus si puissants que personne n'osait les accuser, le droit canon les dota d'un pouvoir d'initiative de plus en plus étendu. Au terme de cette évolution, à la fin du XIIe siècle, apparut la « procédure inquisitoriale », qui autorisait le magistrat à poursuivre même en l'absence d'accusateur, à la seule condition que le coupable soit « diffamé » par la voix publique, autrement dit qu'il ait la réputation fondée d'avoir commis un crime.

En même temps, et toujours sous l'influence des juristes pontificaux, la notion de preuve évoluait profondément. Il arrivait jusque-là qu'on éprouvât l'innocence d'un accusé par diverses épreuves ; en lui faisant saisir un fer rouge, par exemple : si au bout d'un délai la brûlure n'était pas guérie, on le condamnait... Ces « ordalies », l'épreuve du feu ou de l'eau, le jugement de Dieu, les serments des garants ne furent plus désormais considérés comme suffisants. Pour condamner, il fallut des témoins, des témoins fiables, gens de bonne vie et mœurs, au nombre de deux, à tout le moins, ainsi que des indices matériels du délit ; il fallut aussi l'aveu, témoignage capital de l'accusé contre lui-même, qu'il sera bientôt licite d'obtenir sous la torture ; mais une torture réglée, limitée dans le temps et quant à son intensité. Autrement dit, en cour de Rome et dans les universités italiennes, entre le XIIe et le XIVe siècle, on posait les principes juridiques sur lesquels nous vivons encore. L'Inquisition naîtra le jour où, sous l'autorité pontificale, on les appliquera à l'hérésie.

b) La naissance de l'Inquisition.

1) Le choc de l'hérésie : L'hérésie, la déviation volontaire de la saine doctrine, constituait une expérience nouvelle pour l'Eglise d'Occident. Depuis la rupture du monde romain, le problème ne se posait plus : à peine signalait-on de-ci de-là, avant l'an mil, quelques clercs qui soutenaient sur la Trinité ou la procession de l'Esprit Saint des théories très personnelles ; mais d'hérésie massive, qui morde largement sur le peuple des fidèles, point.

Comment pouvait-il en aller autrement ? Depuis le VIe siècle, la culture spéculative était en pleine décadence ; le clergé, par ailleurs, contrôlait mal des masses laïques qui jouissaient d'une autonomie religieuse considérable : aucun organisme central n'était à même de détecter et de poursuivre rapidement les déviances...

Or, voici que vers 1100 réapparaissent les universités et se multiplient les écoles ; voici que le mouvement économique et la renaissance des villes provoquent l'apparition de groupes de laïcs alphabétisés, désireux de vivre leur foi en imitant le Christ dans sa pauvreté, critiques à l'égard d'un clergé pour qui, trop souvent, compte seul le pouvoir et qui perd le monopole de la connaissance ; voici que la hiérarchie, dynamisée par ce même mouvement, tente de reprendre en main la foi du peuple...

De tous côtés on découvre des déviances graves, nouvelles ou anciennes. Deux inquiètent tout particulièrement, par l'attrait qu'elles exercent sur les âmes : le manichéisme, d'une part, peut-être réimporté d'Orient, qui attribue la création de l'univers à un principe mauvais, ennemi de Dieu, et prêche donc le mépris du monde ; le valdéisme, de l'autre, doctrine des vaudois, disciples du lyonnais Pierre Valdès, qui, prenant l'Evangile à la lettre, prônent le retour à la pauvreté absolue du Christ.

Les évêques hésitent sur la conduite à tenir. Au plan doctrinal, d'abord : le valdéisme, précurseur par beaucoup d'aspects du mouvement franciscain, a bien failli être accueilli dans l'Eglise ; le catharisme même, aussi radicalement anti-chrétien qu'il fût dans ses dogmes, ne laissait pas de présenter dans la pratique de nombreux points communs avec les comportements que souhaitait l'élite catholique du temps. Hésitations au plan disciplinaire, surtout : une fois condamnées les doctrines, que faire ? C'est aux clercs qu'il appartient de sauvegarder la foi de leurs ouailles : ont-ils le droit d'user de la force pour cela ? Leur rôle n'est-il pas de prêcher, de convaincre, et non de tuer ou d'emprisonner ? Mais alors, ne risquent-ils pas, par mollesse, de laisser s'étendre le mal et d'être comptables, devant Dieu, des âmes perdues par leur faute ? Un débat eut lieu, dramatique, tout au long du XIIe siècle, qu'il ne faut pas dissimuler.

Dans le nord de l'Europe, les autorités civiles se chargèrent de résoudre le dilemme : elles envoyèrent gaillardement au bûcher, dans l'enthousiasme populaire, les hérétiques que désignaient les conciles, sans demander l'avis de la hiérarchie... qui, à l'image de saint Bernard, se fit une raison.

Au bord de la Méditerranée, la situation était tout autre. Les cathares, des manichéens, plus nombreux — n'exagérons rien : de cinq à dix pour cent de la population des villes dans les régions les plus touchées —, organisés en Eglise parallèle, jouissaient d'appuis politiques et sociaux considérables. Les autorités locales, mi-consentantes, mi-débordées, laissaient faire ou s'avéraient impuissantes. Un vent de panique semble avoir soufflé sur le clergé lorsqu'il prit conscience de la situation : on paraît avoir vraiment cru que l'implantation du christianime dans ces régions pourrait être remise en cause. A la fin du XIIe siècle, la ligne « pacifique », décidée à jouer la prédication et la réforme des mœurs pour enrayer le mal — celle que représenteront encore, au début du XIIIe siècle, saint Dominique et saint François — passe au second plan. Elle ne disparaîtra jamais. Mais un tournant capital est alors pris : l'Eglise se donne le droit d'envoyer les hérétiques à la mort.

2) La mise au point d'un instrument. Restait à se doter des moyens d'une telle politique. Des moyens juridiques, d'abord. En 1184, on pose la peine du feu pour les hérétiques impénitents et les récidivistes (les « relaps ») ; en 1199, on y ajoute la confiscation des biens. De 1180 à la seconde moitié du XIIIe siècle, une série de dispositions adapte à l'hérésie la procédure inquisitoriale : la dernière d'importance consistera à autoriser l'emploi de la torture en matière de foi. On y ajoute des dispositions particulières : le secret maintenu sur le nom des témoins (pour éviter des représailles) ; le fait que le procès se fera « simpliciter et de plano », sans formes inutiles, en allant au fait, en réduisant les formalités à leur plus simple expression : l'efficacité primait tout.

Ces dispositions ne pouvaient s'appliquer sans l'appui des pouvoirs séculiers. Ce qui est acquis au début du XIIIe siècle, lorsque les barons de la France du Nord, puis leur roi luimême, acceptent de se croiser pour mâter les hérétiques du Midi (Croisade des Albigeois,

1212-1229) ; lorsque le roi de France et l'Empereur —encore puissant, celui-ci, en Italie— entérinent l'application de la peine de mort aux hérétiques abandonnés par l'Eglise au « bras séculier ».

Il ne manquait plus qu'un tribunal spécialisé. Les évêques avaient leurs propres juges, leur officialité. Aiguillonnés par les conciles, mieux choisis qu'auparavant et plus conscients de l'importance de leur mission, ils agirent, parfois vigoureusement, à l'exemple de ce prélat toulousain qui n'hésita pas à faire brûler sur son lit une pauvre vieille qui, à l'agonie, l'avait pris pour l'évêque cathare et lui avait fait part de son désir de mourir dans la religion des « parfaits ». Mais les évêques avaient d'autres tâches, et leur action manquait de continuité. Découvrir l'hérésie exigeait d'ailleurs une subtilité et des connaissances dont les officiaux étaient souvent dépourvus. On pouvait adresser les mêmes reproches aux légats que le Souverain Pontife envoyait parfois en mission, de Rome, et dont l'arrivée ne plaisait pas toujours aux autorités locales.

Les juges séculiers faisaient montre d'énergie, d'une énergie parfois débordante et horrible : ce sont eux les responsables de la plupart des gros bûchers, des cent quarante exécutions de Minerve, des trois cents de Lavaur, des soixante de Casses, dans le sud de la France, entre 1210 et 1211, des quatre-vingts de Berlaigues, près d'Agen, en 1249, sur l'ordre de Raimond VII, le comte de Toulouse. Au sein même du clergé, des protestations s'élevèrent. D'autant que la répression manquait de continuité, de finesse et que les cibles étaient choisies en fonction de considérations politiques plutôt que religieuses.

Efficacité, régularité, relative modération, solide formation théologique et juridique, indépendance des pouvoirs locaux... Rome crut trouver la solution en nommant des juges permanents, ayant pouvoir sur une vaste région, sans considération pour les frontières seigneuriales ou diocésaines qui rendaient difficile de coordonner les poursuites ; indépendants des évêques à qui il était interdit d'interférer dans leur tâche ; munis de pouvoirs étendus qui leur permettaient de passer outre à tous les appels. Juridiction d'exception, installée par le pape en usant de son pouvoir souverain de chef de la chrétienté. En 1231, il nomme son premier délégué, pour l'Allemagne. L'année suivante, le système était étendu à la France : l'Inquisition venait de naître.

II

L'Inquisition médiévale

a) L'apogée du XIIIe siècle.

l) L'Europe du Nord. Depuis 1233, frère Robert le Bougre, un ancien cathare, converti et devenu dominicain, exerçait l'inquisition pontificale dans le nord de la France. Personnage redoutable, il fit brûler plusieurs personnes à la Charité-sur-Loire, entre Bourges et Nevers. Les archevêques de Sens et de Reims protestèrent auprès du pape, qui lui ordonna d'interrompre son action (1234). Premier exemple de ce qui fut une constante de l'histoire du tribunal et, au Moyen Age, l'un des freins principaux à son action : l'opposition de l'épiscopat.

Les évêques étaient juges ordinaires en toutes matières ecclésiastiques, dont l'hérésie. Ils s'offusquèrent de l'arrivée en leurs diocèses de juges pontificaux, instruments de la centralisation romaine, qui les privaient de leur juridiction et n'eurent cesse de s'en débarrasser ou de les neutraliser. Au XIXe siècle encore, c'est au nom de l'indépendance nationale et de la juste restitution aux prélats d'un pouvoir dont on les avait dépouillés qu'on abolira l'Inquisition d'Espagne, et nous verrons comment les souverains laïques surent utiliser ces tensions pour prendre le contrôle de l'institution.

Quoi qu'il en fût, dès 1235, Grégoire IX rétablissait frère Robert dans l'intégralité de ses pouvoirs et le nommait, en outre, Inquisiteur Général pour la France, Languedoc et Provence exclus : à l'évidence, la Curie n'avait pas l'intention de céder.

Il le fallut, pourtant. Robert fit son travail avec énergie : cinquante exécutions en 1239, cent quarante-sept encore, la même année, à Mont Wimer, en Champagne. Les protestations affluèrent à Rome. On ordonna une enquête, qui révéla des « abus ». Robert fut destitué et enfermé. Dans le nord de la France, l'hérésie retomba de fait sous la juridiction des tribunaux épiscopaux. L'Inquisition en fut paralysée pour longtemps.

Une mésaventure semblable arrivait au même moment à Conrad de Marbourg, le premier inquisiteur envoyé en Allemagne. Dans les deux cas, les « abus » invoqués n'étaient sans doute que des prétextes. Ces mêmes évêques qui protestaient contre la dureté des sentences inquisitoriales, ne se privaient pas d'envoyer au bûcher les « hérétiques » par dizaines. Ils ne défendaient ni les cathares, ni une abstraite conception de la justice, mais l'autonomie des églises locales.

2) La France du Midi. Dans le Midi, les choses se passèrent autrement ; parce que les problèmes, d'une part, étaient tels que le clergé local n'était pas en position de refuser de l'aide ; parce que les puissances séculières, de l'autre, appuyèrent ici une Inquisition qui constituait pour eux un atout politique.

Revenons un peu en arrière. Vers 1180, le Languedoc et la Provence menaient une vie indépendante du roi de France et de l'Empereur, dont ils relevaient en principe. Quatre centres de pouvoir au moins y jouaient une partie serrée. Le roi d'Aragon, d'abord, seigneur de Montpellier, qui cherchait peut-être à constituer un royaume regroupant le nord de l'Espagne et le sud de la France ; la Commune de Toulouse, sur laquelle le comte n'exerçait qu'une autorité nominale, qui, bien volontiers, imiterait l'indépendance des villes-Etats d'Italie ; de grands féodaux, comme les Trencavel, seigneurs de Béziers et de Carcassonne, désireux de secouer la tutelle de leur suzerain, le comte de Toulouse ; le comte lui-même, enfin, puissance hégémonique dans la région, qui cherchait à s'y constituer une principauté indépendante en éliminant les trois autres, tout en se méfiant des visées du roi d'Angleterre — qui tenait Bordeaux et l'Aquitaine — et d'un roi de France, lointain, certes, mais dont le royaume était en plein essor.

Au-delà de leurs convictions intimes, l'hérésie est un élément que tous vont utiliser dans le jeu politique. Démographiquement, rappelons-le, elle ne représente qu'assez peu de chose. Mais elle jouit de grandes sympathies et compte dans ses rangs des personnalités influentes et dynamiques. Pour les Trencavel, aider les cathares constitue une manière de faire pièce au comte, défenseur de l'orthodoxie. Défenseur à éclipses : il s'accommoderait des hérétiques si leur présence garantissait la paix de ses états. Mais ce serait donner motif au pape et à ses puissants voisins du Nord d'intervenir ; et puis, combattre l'hérésie, quel beau prétexte pour réduire les barons turbulents qui font échec à ses ambitions !

La papauté, justement, est excédée des difficultés que rencontre l'Eglise dans sa lutte contre le catharisme, qu'elle attribue, non sans raison, aux multiples complicités dont il jouit à tous les niveaux de la société, dans le peuple comme chez les détenteurs du pouvoir. Ses légats sont éconduits et ne peuvent installer une structure répressive efficace. En 1208, l'un d'eux, Pierre de Castelnau, excommunie Raymont VI de Toulouse ; peu après, les hommes du comte l'assassinent alors qu'il s'apprêtait à franchir le Rhône. Rome appelle à la croisade.

La suite est connue : la descente des barons d'Ile-de-France, l'effondrement des Trencavel, contre qui fut porté le premier coup — sac de Béziers ; l'alliance entre Toulouse et l'Aragon, quand le comte comprit qu'il était lui aussi menacé ; la bataille de Muret, où Simon de Montfort, le croisé, écrasa les méridionaux (1214) ; son échec final et sa mort, lorsque le Midi refit son unité face à l'envahisseur ; l'arrivée du roi de France en personne, dont les armées finirent par briser toute résistance ; la pacification, enfin, qui donna au roi le Languedoc, bien que Toulouse préserve, une génération encore, un semblant d'autonomie (traité de Paris, 1229).

C'est donc en pays conquis que s'installa l'Inquisition : elle arrivait dans les bagages d'une armée d'occupation. A partir de 1234, trois tribunaux se partagèrent la région : Toulouse, Carcassonne et la Provence. Des villes où ils siègeaient, les inquisiteurs rayonnaient sur le plat pays. Ils déterraient les hérétiques morts, brûlaient leurs restes, arrêtaient cathares et vaudois, confisquaient leurs biens. Avec modération d'ailleurs.

On le sait maintenant, après examen de leurs archives : dans la seconde moitié du XIIIe siècle, l'Inquisition de Toulouse ne prononça qu'un pour cent de condamnations à mort sur l'ensemble des sentences, et guère plus de 15 % de réconciliations, peine qui impliquait la confiscation des biens et la réclusion au « mur », la prison perpétuelle. On sait aussi, toujours par l'étude de ses propres archives, qu'elle était redoutée des « hérétiques », parce qu'elle était capable de surmonter les protections locales dont ils jouissaient et qui avaient souvent bloqué l'action d'autres tribunaux : elle constituait pour eux une menace permanente et les faisait vivre, par sa seule existence, dans l'insécurité.

Le pape avait confié l'institution aux dominicains, à cet ordre qui avait été spécialement créé pour ramener le Midi dans le sein de l'Eglise et dont le fondateur, pourtant, n'était nullement favorable à l'usage de la force. La population, même catholique, détestait l'Office, parce qu'il symbolisait une occupation mal supportée et parce que l'intromission dans la vie locale d'un tribunal extérieur aurait de toute façon été considérée comme scandaleuse, même si ce dernier avait été du pays. Une émeute expulsa une fois les dominicains de Toulouse. A Narbonne eut lieu, à leur propos, une véritable guerre civile entre le Bourg et la Cité. En 1242 enfin, Guillaume Arnaud, l'inquisiteur de Toulouse, fut assassiné avec son collègue au cours d'une tournée, à Avignonnet, par des chevaliers venus de Montségur, l'une des dernières places fortes où pouvaient se réfugier les cathares.

Après cet attentat, le pouvoir politique réagit avec vigueur : les troupes du sénéchal de Carcassonne, qui représentait le roi dans la région, mirent le siège devant la forteresse et s'en emparèrent (1244). Trois cent dix prisonniers, considérés comme hérétiques, furent livrés aux flammes par les inquisiteurs de Carcassonne.

Les appels au pape, cependant, se multipliaient, de la part des victimes, mais aussi des autorités locales et du clergé. Rome fit souvent droit à ces requêtes. Les dominicains se retirèrent en 1249, estimant ne pouvoir accomplir sérieusement leur tâche dans ces conditions. La Curie fit appel aux franciscains pour les remplacer, mais il leur fut impossible de se substituer entièrement aux Frères Prêcheurs. Il fallut les rappeler en 1255 et leur concéder une autonomie presque totale vis-à-vis de tous les pouvoirs, y compris de Rome.

La seconde moitié du XIIIe siècle vit l'apogée de l'Inquisition méridionale. Non sans difficultés encore, comme le prouve le soulèvement de Carcassonne qui aboutit, entre 1280 et 1290, au pillage du siège du tribunal : après quelques hésitations, les agents du roi finirent par rétablir l'ordre. L'institution savait désormais s'insérer dans le jeu des pouvoirs locaux, s'ouvrant ainsi des possibilités d'action efficace. Ce qui se passa à Albi, à la fin du siècle, l'illustre bien.

Depuis le début du XIIIe siècle, il y existait une alliance tacite entre l'évêque et la bourgeoisie, d'accord pour grignoter les pouvoirs des co-seigneurs de la ville, les Trencavel et le roi de France. Les deux larrons profitèrent des troubles,et prirent le contrôle effectif de la municipalité et des tribunaux, réduisant à peu de chose le rôle des puissances extérieures. L'évêque fermait les yeux sur les sympathies que plusieurs riches familles de l'endroit éprouvaient pour la religion des cathares.

Leur entente se rompit vers 1265/1270, lorsque le sénéchal du roi, désormais en position de force, entreprit de reconquérir ses droits seigneuriaux, mettant les puissants de la veille sur la défensive : il leur devenait impossible d'étendre leur influence au détriment d'un adversaire commun ; ils ne pouvaient plus l'accroître qu'aux dépens l'un de l'autre.

En 1286/1287, l'évêque Bertrand de Castanet accueillit un inquisiteur chassé de Carcassonne par les troubles que nous avons signalés. Ils menèrent une enquête sur l'hérésie et répertorièrent deux cent six coupables. Ils n'en jugèrent que dix.

En 1298, ce même Castanet était en procès devant le roi avec les bourgeois d'Albi ; une affaire pour lui très importante, car ses pouvoirs de justice en dépendaient. Il redoutait de perdre : le souverain, alors en difficulté avec le pape, ne l'aimait guère, le jugeant trop « ultramontain ». le prélat décida d'utiliser les dossiers constitués en 1287, qui concernaient justement plusieurs des chefs du parti adverse. De concert avec l'inquisiteur Nicolas d'Abbeville, il arrêta et fit condamner par l'Office trente-cinq d'entre eux (1299). La foi y gagna sans doute, car il semble qu'ils étaient effectivement hérétiques. Pour Castanet, le résultat ne fut pas ce qu'il espérait : les Albigeois se plaignirent à Paris ; le sénéchal laissa se dérouler, sans intervenir, une émeute contre le prélat, qui fut en outre mis à l'amende et vit son temporel saisi. Le Saint-Office, bien sûr, en fut paralysé.

De toute façon, l'hérésie reculait. Réduite à la clandestinité dès le milieu du siècle, elle disparut pratiquement des villes vers 1300. Peu après, une opération conjointe des inquisiteurs de Toulouse et de Carcassonne amenait la capture de Pierre Autier, l'un des rares chefs cathares encore en liberté. Entre 1319 et 1321, eurent lieu les dernières exécutions, le nettoyage des dernières cités rebelles à l'Office (dont Albi). A la même époque, Jacques Fournier, l'évêque de Pamiers, menait une ultime campagne à Montaillou, dans les hautes vallées pyrénéennes. Il n'était pas peu fier de ses registres. Il les déposa aux archives pontificales lorsqu'il devint pape sous le nom de Benoît XII. Magnifiquement édités, ils constituent une source fondamentale pour l'histoire du catharisme et de l'Inquisition médiévale. Ils ont donné lieu à des travaux célèbres.

On discute du rôle qu'a joué le tribunal dans la disparition de l'hérésie. Il a frappé directement une partie notable de la population cathare et a gêné, indirectement, la propagande de la secte. Mais il n'aurait pu agir seul. Institution d'Eglise, il ne disposait ni du pouvoir, ni de la force armée : il était à la remorque des puissances politiques qui lui ouvraient la route. La répression enfin, ne saurait tout expliquer. Le catharisme semble s'être surtout développé, à la fin du XIIe et au début du XIIIe siècles, dans une bourgeoisie urbaine dynamique, fière de ses succès économiques, mais déçue parce que bloquée dans son ascension sociale par les pouvoirs en place, dont l'Eglise. Or, l'installation de l'administration royale, qui recruta parmi eux ses plus fidèles serviteurs, l'intégration dans un ensemble politique plus vaste, le transfert, au début du XIVe siècle, de la cour pontificale à Avignon ouvrirent des champs d'activité nouveaux à ces couches instruites et habituées aux affaires, alors que les ordres mendiants, franciscains et dominicains, leur proposaient une spiritualité mieux adaptée à leurs besoins. Satisfaites, elles seraient revenues au catholicisme, privant l'hérésie de sa base sociale. Dans cette perspective, l'Inquisition n'aurait été qu'un élément de pression, agissant sur des individus tout près déjà de passer à l'orthodoxie qu'elle aurait, par sa menace, aidés à franchir le pas. Nous la retrouverons dans ce rôle en Espagne.

3) L'Italie et la Catalogne. La pénétration cathare en Italie était aussi forte que dans le midi de la France. Comme en Languedoc ou en Provence, on y trouvait, en outre, de nombreux vaudois. Ces mouvements étaient liés aux guerres qui, tout au long du XIIe et du XIIIe siècles, opposèrent le pape et l'Empereur. Les cités d'Italie, organisées de fait comme autant d'Etats indépendants, étaient divisées en deux partis, qui recoupaient des rivalités locales : les guelfes, favorables au pape, luttaient contre les hérétiques ; les gibelins, partisans de l'Empire, les soutenaient dans leur opposition au pontife romain, sans partager nécessairement leurs options religieuses. L'Empereur lui-même se posait officiellement en défenseur de l'orthodoxie. Mais dans l'état d'anarchie où se trouvait alors le pays, il ne se faisait guère entendre.

Dans ce contexte, l'Inquisition apparut comme un instrument au service des intérêts pontificaux : rien d'étonnant à ce qu'elle ait été, d'emblée, rejetée par les villes guelfes, souvent avec brutalité : en 1245, Pierre de Vérone, l'inquisiteur de Lombardie, fut assassiné à coups de serpe par des tueurs à gages. On le canonisa sous le nom de saint Pierre Martyr et l'on en fit le patron du tribunal, mais ses meurtriers demeurèrent impunis. Rien d'étonnant non plus à ce que l'Office ait agi sur le plan politique, pour s'imposer : ce même Pierre de Vérone avait organisé à Florence, en 1244, une milice guelfe, la « Compagnie de la foi », qui, à l'issue d'un combat de rue, fut sur le point de renverser le gouvernement gibelin : celui-ci ne se sauva qu'en admettant le peuple à partager un pouvoir municipal qui avait été jusqu'alors la chose exclusive des nobles.

L'action du tribunal restait donc sporadique, au gré des circonstances. C'est en 1266/1268 que tout bascula. Charles d'Anjou, le frère de saint Louis, appelé par le pape, envahit la péninsule, défit le parti gibelin et s'empara du royaume de Naples. Un peu partout, les guelfes prirent le dessus. Sentant le vent tourner, les puissances en place se rallièrent au parti vainqueur. Ainsi les Scaliger, seigneurs de Vérone. Pour acquérir la faveur pontificale et légitimer un titre douteux, ils s'emparèrent, à l'issue d'une campagne militaire, de la ville de Sermione, où fleurissait une église cathare, et en livrèrent les habitants à l'Inquisition de Viterbe, ce qui permit à celle-ci de procéder, en 1273, à l'exécution la plus massive qu'ait connue l'Italie : deux cents « hérétiques » brûlés le même jour.

Au début du XIVe siècle, le catharisme avait cessé d'exister en Italie du sud, balayé par l'action attentive de Charles d'Anjou et, repoussé dans les vallées alpines, il était en voie d'extinction en Italie du nord.

Signalons, pour mémoire, qu'un tribunal

avait été organisé dans les domaines du roi d'Aragon, dès les années 1230, pour faire face à l'infiltration des cathares qui, chassés de Languedoc, se réfugiaient dans le pays.

b) Le déclin (XIVe et XVe siècles).

Au XIVe siècle, l'Inquisition devient une pièce normale de la machinerie administrative de l'Eglise. Des tribunaux sont officiellement créés en Bohème, en Pologne, au Portugal — ce dernier ne semble guère avoir fonctionné—, en Bosnie même. L'institution se revigore en Allemagne, divisée en quatre districts au milieu du siècle. On trouve désormais des inquisiteurs dans presque toute la chrétienté : seuls les royaumes latins d'Orient, la Grande-Bretagne, la Castille et la Scandinavie échappent à leur emprise.

Le tribunal, en même temps, se bureaucratise. On met au point des questionnaires stéréotypés pour l'interrogatoire des accusés, quitte à perdre la souplesse et la faculté d'adaptation qui faisaient la force de l'institution ; on multiplie les manuels, de plus en plus précis, de plus en plus contraignants, pour guider l'inquisiteur dans sa tâche : à celui de Raymond de Peñafort (XIIIe siècle), s'ajoutent ceux de Bernard Gui (début du XIVe), puis de Nicolas Eymerich (XVe siècle).

Sous de belles apparences, pourtant, l'Inquisition s'étiolait. Au service de la foi, elle ne s'avérait plus apte qu'à des tâches mineures. Au XIVe siècle, époque qui ignore les grandes hérésies, elle n'eut à poursuivre que de petits groupes de franciscains « spirituels » qui, en Languedoc et en Italie surtout, réclamaient pour leur ordre le retour à la pauvreté absolue des origines, présentaient la fin du monde comme imminente et considéraient le pape comme l'Antéchrist parce qu'il s'opposait à leurs idées ; en France, en Allemagne, elle dut surveiller les « frères du libre Esprit », convaincus d'être en communication directe avec l'Esprit Saint, sans l'intermédiaire du clergé : mouvements sans assises populaires, parfois simples querelles d'école.

Privé, par la victoire même de l'orthodoxie, de son activité traditionelle, le tribunal étendit sa juridiction à des domaines nouveaux, réservés auparavant aux cours épiscopales : blasphème, bigamie et sorcellerie. Il ne s'agissait plus d'hérétiques au sens strict ; on élargit la définition du terme jusqu'à les englober. Il ne semble pas que l'Office ait été très actif dans la répression de la petite magie : divination, nouement d'aiguillettes, sorts amoureux... Plus important fut son rôle dans la naissance du mythe du sabbat.

Au XVe siècle, en effet, la croyance se répand que sorciers et sorcières se réunissent périodiquement sous la présidence du diable, physiquement présent, pour l'adorer et manger la chair de bébés qu'ils ont tués. Illusion, à l'évidence, mais qui pendant deux cents ans provoquera une peur panique et justifiera le massacre de milliers d'innocents. Or, c'est chez les juges chargés de poursuivre les vaudois réfugiés dans les montagnes qu'elle prit forme. Les inquisiteurs étaient du nombre.

Certes, ils ne furent pas les seuls à brûler des sorcières, ni même les premiers : ce triste honneur revint, semble-t-il, à des paysans du Valais et à l'évêque de Sion. Mais dès 1438 l'Inquisition « découvrait » des sabbats dans les Alpes et c'est elle qui mena, dans le nord de la France, deux procès sensationnels : celui de Guillaume Adeline, professeur de théologie à l'Université de Paris, condamné à la prison perpétuelle à Evreux, en 1453 ; celui des bourgeois d'Arras, surtout. Un soi-disant sorcier, avant d'être brûlé, dénonça sous la torture plusieurs citoyens de cette ville, en 1459 ; eux-mêmes, arrêtés, donnèrent d'autres noms. Un évêque déséquilibré — il mourra fou peu après — et un dominicain fanatique — il estimait que le tiers des chrétiens étaient sorciers et que plusieurs cardinaux adoraient le diable — prirent l'affaire en main. De dénonciation en dénonciation, des dizaines de personnes, dont plusieurs des gros marchands de la ville, furent impliquées. Le duc de Bourgogne intervint alors et arrêta net les poursuites. Une trentaine d'années plus tard, le Parlement de Paris, inaugurant ce qui sera chez lui une politique constante, déclarait que le sabbat n'était pas prouvé, cassait les sentences et condamnait à de lourdes amendes les personnes qui avaient soutenu l'accusation.

La leçon, malheureusement, ne porta guère. On ne cessa définitivement d'exécuter des gens pour ce motif qu'à la fin du XVIIe siècle. Jusque là, l'ouvrage d'Heinrich Krämer et Jacob Sprengler, deux inquisiteurs allemands, le *Malleus maleficarum*, le *Marteau des sorcières*, servira de bible à tous ceux qui croyaient à la réalité du délit.

Superficiellement considérée, l'institution semble donc dynamique. Cette impression disparaît lorsqu'on considère les événements les plus sérieux et les plus dangereux pour l'Eglise. En dépit de multiples campagnes, qui se poursuivront jusqu'au XVIe siècle en Dauphiné, dans les Alpes et dans le sud de l'Allemagne, le tribunal fut impuissant à déraciner le valdéisme. Ses tenants se rallieront à la Réforme protestante, dont ils constituent encore aujourd'hui l'une des composantes.

Plus grave, l'Inquisition ne put s'opposer efficacement au mouvement hussite. Rude affaire que celle-là. Jean Hus était un théologien de Prague qui prêchait la réforme dans une Eglise déchirée par le Grand Schisme, au sein de laquelle trois papes et anti-papes s'affrontaient ; il luttait aussi pour libérer la Bohème de la tutelle allemande. Sa condamnation et son exécution par le Concile de Constance et l'Empereur (1415) déchaînèrent la révolte de ses partisans et provoquèrent un schisme qu'il faudra un siècle pour réduire. Il y avait une Inquisition en Bohème. Privée de l'appui d'un souverain d'abord réticent, puis débordée, elle ne sut rien faire.

Impuissance qui s'explique : dans toute l'Europe, le tribunal traversait une terrible crise financière. Au XIIIe siècle, il avait vécu des confiscations que prononçaient les juges. Au XIVe, la réduction de son activité les fit disparaître. On cite des cas pittoresques de sentences prononcées dans le seul but de percevoir des amendes. Nous retrouverons, plus tard, en Espagne un phénomène semblable.

Par ailleurs, les évêques reprirent leurs attaques et obtinrent du pape qu'il limite sérieusement l'indépendance de la cour à leur égard : à partir de 1312, l'accord des prélats fut nécessaire pour toute arrestation, pour mettre à la torture un accusé ou prononcer une sentence... Ils joueront désormais un rôle considérable, au point qu'on hésite à attribuer certaines affaires à la juridiction épiscopale ou à l'inquisitoriale. Plusieurs historiens considèrent que l'institution en fut réduite à l'impuissance.

Le trait le plus marquant, à mon sens, reste cependant la façon dont elle tomba, presque entièrement, sous la coupe de l'Etat. En 1331, à Toulouse, un commissaire du roi soutenait qu'elle était cour royale, et non ecclésiastique. Il avait tort, en droit. Mais les faits lui donnaient raison.

Soit l'Ordre des Templiers, une organisation à la fois militaire et religieuse de moines-soldats, puissamment centralisée et fortement hiérarchisée, dont les ramifications s'étendent à toute l'Europe. Ses membres sont censés faire la guerre aux infidèles en Terre Sainte. En fait, au début du XIVe siècle, il y a longtemps que les musulmans les ont chassés de Palestine. Ils se sont transformés en banquiers, car leur discipline, leur honnêteté, leurs maisons fortes, inspirent confiance.

Pour des raisons encore mystérieuses, Philippe le Bel, le roi de France, a décidé de les détruire. Peut-être était-il convaincu des accusations qu'il porta contre eux : sodomie, blasphème, parodie des cérémonies chrétiennes... Mais à qui confier cette affaire ? Les tribunaux royaux n'avaient pas juridiction sur les ecclésiastiques. Ceux des évêques ne pouvaient rien contre le Temple, qu'un privilège pontifical déclarait indépendant de « l'ordinaire ». Restait l'Inquisition, dont relevaient tous les chrétiens, sans exception. C'est devant elle, par conséquent, que furent déférés les membres de l'Ordre après leur arrestation, en 1307 ; c'est elle qui leur soutira les « aveux » qui permirent au roi d'obtenir du pape qu'il les abandonne aux tribunaux épiscopaux... que contrôlaient ses créatures. Ce n'est pas elle qui les condamna, finalement ; mais elle avait bien mérité de la monarchie.

On peut en dire autant du tribunal qui jugea Jeanne d'Arc. Lorsque après avoir vaincu les Anglais à Orléans et à Patay et fait couronner Charles VII à Reims, elle fut capturée en 1430, elle posait à ses ennemis un problème embarrassant. La traiter comme une prisonnière ordinaire revenait à reconnaître la réalité de l'inspiration divine qui, par les « voix » qu'elle entendait, l'exhortait à « bouter les Anglais hors de France ». L'exécuter, sans plus, après jugement par un tribunal laïc, aurait eu toutes les apparences d'un procès politique et n'aurait fait que convaincre l'opinion de la justesse de sa cause. L'Inquisition s'offrait pour résoudre ce dilemme : officiellement d'Eglise, elle permettait au pouvoir de ne point apparaître dans une affaire où il ne voulait pas se compromettre ; juge de l'hérésie, elle était toute désignée pour déclarer sans fondement les révélations dont Jeanne se prétendait l'objet, détruisant son prestige à la racine même. L'affaire fut donc confiée, dans le respect le plus complet de la lettre du droit canon, à l'inquisiteur de Paris, assisté de l'évêque Cauchon, dans le diocèse duquel elle avait été capturée.

On connaît la suite. Conformément à la procédure inquisitoriale, elle fut brûlée comme hérétique « relapse » : ayant avoué s'être trompée, elle était revenue sur cette déclaration, retombant dans l'erreur dont on l'accusait (1431). Ce qui lui valut, cas unique, d'être plus tard déclarée sainte, alors qu'elle avait été condamnée par un tribunal ecclésiastique...

Après quatre cent quatre-vingt-dix ans d'hésitations.

A la fin du XVe siècle donc, et au début du XVIe, l'Inquisition est paralysée de fait. Quelques juges peuvent agir, sporadiquement, en Dauphiné contre les vaudois, à Valence ou en Catalogne. Ils sont incapables de mener une action cohérente.

III

L'Inquisition moderne

a) L'Inquisition espagnole.

Le premier novembre 1478, le pape Sixte IV autorisait Ferdinand et Isabelle, les rois d'Espagne, à nommer des inquisiteurs dans leurs royaumes. En vertu de quoi, deux ans plus tard — on s'explique mal le délai —, fray Miguel de Morillo et fray Juan de San Martín s'installaient à Séville où ils firent montre d'une fébrile activité. L'Inquisition espagnole était née.

Par bien des traits, c'était une institution neuve. Certes, elle se fondait sur l'abondante législation qu'avaient élaborée les canonistes médiévaux : comme son aînée, elle avait juridiction sur les hérétiques ; à des nuances près, elle copiait la procédure, l'échelle des peines, l'organisation bureaucratique et policière des tribunaux médiévaux ; elle instruisait ses juges dans les manuels où Bernard Gui, Eymerich et leurs émules avaient consigné leur expérience. Mais elle dépendait du roi, officiellement cette fois ; du pape et du roi, en principe, mais en fait du roi plus que du pape.

Comme au Moyen Age, les inquisiteurs jugeaient au nom du Souverain Pontife dont ils étaient officiellement les délégués ; comme alors, c'est de l'autorité pontificale, et d'elle seule, que découlait juridiquement leur pouvoir. Comme au Moyen Age, l'Inquisition restait un tribunal canonique, qui ignorait le droit profane et ne connaissait que les décisions canoniques. Mais du pape, les inquisiteurs ne relevaient plus directement : entre eux et lui s'installait un intermédiaire, l'Inquisiteur Général. C'est à lui, et à lui seul, que le Souverain Pontife avait délégué ses pouvoirs, en lui accordant la liberté de les subdéléguer à des inquisiteurs particuliers, qu'il nommait et renvoyait à son gré. Or, il était désigné par le roi : Rome ne faisait qu'entériner le choix du monarque.

Mieux, le Conseil de la Suprême Inquisition qui, très vite, seconda l'Inquisiteur Général, suivait la Cour et se vit mettre sur le même pied que les autres Conseils par lesquels le souverain gouvernait ses Etats. Nombre d'Inquisiteurs Généraux enfin, à commencer par les premiers et les plus fameux, Torquemada et Cisneros, jouèrent un rôle politique de premier plan, le second surtout, qui gouverna le pays des années durant. Il ne faut donc pas s'étonner que Rome ait rapidement perdu le contrôle de la situation. Dès le premier tiers du XVIe siècle, après quelques années d'un combat d'arrière-garde, elle dut renoncer à recevoir tout appel, admettre que l'Inquisition espagnole menât une vie autonome et ne recoure au pape que pour obtenir des dispenses lorsque les conditions locales rendaient nécessaire une entorse trop flagrante au droit canon.

Reste à expliquer cet intérêt soudain de la

monarchie pour la défense de la foi. L'Espagne des Rois Catholiques vivait le moment très particulier de l'unité naissante. Le mariage de Ferdinand d'Aragon et d'Isabelle de Castille avait uni deux des cinq royaumes qui se partageaient la péninsule, les deux plus grands. Le nouvel Etat entamait la conquête du royaume musulman de Grenade, entreprise qu'il lui faudra dix ans pour mener à bien en 1492, l'année même ou Colomb découvrait l'Amérique. Quelque temps encore, et il fera la conquête de la Navarre, fixant les limites de l'Espagne actuelle : seul le Portugal parviendra, avec peine, à conserver son indépendance.

Mais l'édifice était fragile. L'union entre la Castille et l'Aragon reposait sur un accord entre les deux époux : à la mort d'Isabelle, tout faillit partir en morceaux. Partout le pouvoir royal se heurtait à de grandes maisons nobles, turbulentes, habituées à l'indépendance, capables de rassembler les armées, dominant des régions entières où juges et percepteurs royaux n'entraient guère : Ferdinand et Isabelle avaient dû conquérir contre elles leur royaume, les armes à la main. En Aragon, à Barcelone, à Valence, des municipalités orgueilleuses, fières de leurs privilèges, refusaient de se plier aux injonctions de la monarchie : plusieurs fois dans les siècles suivants elles se soulèveront, parfois avec succès, pour défendre leurs « libertés ». La population, enfin, était mêlée : cent mille juifs peut-être et trois cents mille musulmans, regroupés pour l'essentiel en trois blocs, en Aragon, à Valence et dans le royaume de Grenade, sur moins de six millions d'habitants. En Europe Occidentale aucun autre pays n'admettait en son sein des minorités de cette importance.

Il faut y ajouter un nombre indéterminé de descendants de juifs convertis, fréquemment sous la contrainte, au cours du siècle précédent. Les Rois Catholiques ont joué la carte de l'intégration religieuse pour renforcer l'édifice qu'ils avaient construit : en 1492, ils obligèrent les juifs à choisir entre l'expulsion ou le christianisme — la plupart s'exilèrent ; dans les premières années du XVIe siècle, ce fut le tour des musulmans, que l'on baptisa par la force. Ces « nouveaux-chrétiens » faisaient problème. Dans quelle mesure croyaient-ils en leur nouvelle foi ? Dans quelle mesure restaient-ils fidèles à leur ancienne religion ? Pour les « morisques », les descendants de musulmans, il n'y aura pas de doute : dans leur grande majorité, ils « mahométiseront ». Mais les *conversos*, les nouveaux-chrétiens de juifs ? Certains les considéraient tous comme des infidèles. D'autres admettaient que beaucoup étaient sincères. Eux-mêmes, les plus en vue du moins, réclamaient une institution qui fasse le tri : ils favorisèrent l'installation du tribunal.

Quel instrument politique aussi que l'Office ! Là où les privilèges et les lois civiles empêchent les agents du roi d'aller, les inquisiteurs passent : serviteurs de l'Etat, ils le sont, de fait. Mais juridiquement ils sont d'Eglise, et pour l'Eglise, les lois civiles n'existent pas.

En dix ans, appuyée par les souverains, qui s'engagèrent à fond à ses côtés et lui prêtèrent, lorsque nécessaire, le secours de l'armée, l'institution s'installa partout, sauf en ce bout du monde qu'était la Galice. Le pays fut rapidement divisé en vingt-trois districts : Séville, Valence, Barcelone, Saragosse, Tolède, Avila, Ségovie, Cordoue, Jaen... Depuis leur siège, les inquisiteurs rayonnaient sur les campagnes en tournées incessantes. Les accusés se comptaient par centaines. Tous, ou presque, judéo-convers. Les autodafés se multipliaient, cérémonies publiques où on lisait les sentences, que commentaient les prédicateurs. De tous côtés s'élevait la flamme des bûchers. On déterrait les morts, on brûlait les cadavres et les mannequins qui représentaient ceux qui s'étaient enfuis ; on brûlait aussi les vivants, par dizaines.

Cette politique de terreur anti-judaïque ne dura guère : passées les premières rafles, on ne trouvait plus assez de victimes pour alimenter le Moloch. Il lui fallut réduire ses activités : dès la fin du XVe siècles, de nombreux tribunaux disparurent : ils n'étaient plus que onze en 1507. Vers 1520, on songea à supprimer l'Inquisition ; elle fut sauvée par la crainte des conseillers de Charles Quint qui redoutaient que le protestantisme n'envahît l'Espagne : pourquoi détruire un instrument qui pourrait alors servir ?

En attendant, il fallait lui trouver une tâche. La seule solution consistait à étendre sa juridiction. Ne pouvait-on poursuivre les morisques ? Dans l'immédiat, des raisons politiques et morales s'y opposaient. Ils venaient tout juste d'être baptisés, sous une contrainte si évidente que les théologiens discutèrent de long mois avant de reconnaître la validité de leur conversion : on devait leur laisser un temps d'adaptation. Ils s'étaient en outre placés sous la protection de seigneurs chrétiens, dans des régions montagneuses où le pouvoir royal n'était pas de taille à s'imposer. Peu nombreux dans l'absolu, ils détenaient, localement, la majorité : comment risquer une révolte à Grenade, par exemple, aux portes de l'Afrique, alors que les flottes turques exerçaient en Méditerranée une pression chaque jour plus forte ?

Vers 1540 seulement, progressivement, le gouvernement autorisera l'Office à procéder contre eux : contre ceux de Castille, d'abord. Puis contre ceux de Grenade, où la persécution fut très dure : interdiction de parler arabe, de s'habiller de vêtements arabes, de fréquenter les établissements de bain... L'Etat chrétien cherchait à détruire une culture, à homogénéiser la nation, et l'Inquisition était à son service. Excédés, les morisques grenadins se soulevèrent en 1569. La révolte fut péniblement matée, quatre-vingt mille personnes expulsées de la région et dispersées dans le reste du pays. En Aragon et à Valence, la répression débuta dans les années cinquante. Elle fut plus impressionnante sur le papier que dans les faits ; appuyés par leurs seigneurs, les morisques passèrent avec l'Office des accords qui minimisaient les conséquences d'un procès : rareté des condamnations à morts, pas de confiscations... En 1609, le roi, découragé par l'échec des campagnes d'évangélisation et doutant de son loyalisme, ordonna la déportation de la communauté tout entière vers la France ou l'Afrique du Nord.

Les morisques, très concentrés géographiquement, n'occupèrent vraiment que trois tribunaux sur les quinze que comptait alors le pays — leur nombre avait remonté. Pour tous, par contre, au milieu du XVIe siècle, le protestantisme fut la grande affaire. Jusque-là, on s'en était assez peu occupé : le pays paraissait à l'abri de la contagion, au prix de quelques précautions élémentaires. Or on découvrit quelques groupes autochtones, à Séville et à Valladolid, dont les historiens n'arrivent pas à savoir s'ils étaient véritablement protestants, mais qu'on prit pour tels. On les détruisit sans pitié. L'Espagne était alors pays d'immigration. On rafla les étrangers, les Français et les Nordiques, surtout. On en brûla, on en envoya aux galères, mais toujours on les exhiba. C'est là ce qui importait : on monta à partir d'eux une campagne de propagande qui ancra pour longtemps dans les esprits l'idée que le protestantisme était une invention du diable. L'épisode, quoique limité quantitativement et chronologiquement, eut donc des conséquences importantes pour l'Espagne et, comme nous le verrons, pour l'Inquisition.

D'autant que sous prétexte d'hérésie philo-luthérienne, l'Office arrêta fray Bartolomé de Miranda y Carranza, l'archevêque de Tolède, le primat des Espagnes, titulaire du siège le plus riche de la chrétienté, puissant seigneur au temporel, l'un des hommes de confiance du roi, son prédicateur. Ce fut un énorme scandale. Rome protesta, d'autant que l'accusation paraissait peu fondée. Un bras-de-fer diplomatique s'engagea entre le roi, qui soutenait à fond ses juges, et le pape. Au bout de quinze ans, on finit par transférer Carranza à Rome et par le relâcher avec une peine de principe. L'Inquisition avait démontré que personne ne résistait à ses foudres. Son prestige était au plus haut.

En 1580, l'Espagne annexa le Portugal. Un courant d'immigration se développa de ce pays vers la Castille. Il y amena nombre de « cristãos novos », l'équivalent portugais des conversos espagnols. Mais des nouveaux-chrétiens qui paraissent avoir gardé une conscience beaucoup plus vive de leur originalité et de leur foi judaïque que ces derniers, presque parfaitement assimilés. L'Inquisition les surveillait : le judaïsme sera toujours pour elle le crime par excellence. Pendant longtemps, le roi et ses ministres la continrent : certains de ces Portugais étaient aussi des banquiers indispensables au fonctionnement des finances de l'Etat. Mais après que leur pays eut recouvré son indépendance (1640), après que l'Espagne eut fait banqueroute aussi (1647), l'Office fut lâché sur sa proie. Il tua peu. Il confisqua beaucoup, mais ne réussit pas toujours à se faire payer. La répression se poursuivit sporadiquement jusqu'au début du XVIIIe siècle, englobant parfois de petits groupes de judéo-convers espagnols, tels les « chuetas » de Majorque.

Ce ne fut pas tout. Etrangers, judéo-convers et morisques n'étaient que des minorités. Pour l'essentiel, les Espagnols étaient autochtones, chrétiens depuis toujours, « vieux-chrétiens » disait-on. Eux aussi eurent affaire à l'Inquisition. Il n'y avait guère de véritables hérétiques parmi eux : les inquisiteurs eux-mêmes en étaient convaincus. Mais ils commettaient contre la discipline ecclésiastique des fautes nombreuses : blasphèmes, ignorance crasse des dogmes et des prières, bigamie... Il y avait là un filon d'amendes possibles, à exploiter. Dans la première moitié du XVIe siècle, entre 1530 et 1560, en gros, les tribunaux sur le district desquels les morisques étaient rares ne s'en sont pas privés.

Avec l'achèvement du Concile de Trente, l'affaire changea de nature. Le clergé entreprit de reprendre en main, en profondeur, la masse des laïcs. Tout montre que ces derniers vivaient jusque-là une religion autonome et se faisaient de la divinité et de l'organisation du monde sacré une idée qui correspondait mal à ce qu'en pensaient les clercs. Pendant longtemps ces derniers avaient laissé les choses aller. Pour des raisons diverses, parmi lesquelles l'obligation de se défendre face à la concurrence de la Réforme protestante, la hiérarchie se lança dans un gigantesque effort d'éducation populaire... et de formation du bas-clergé.

Le mouvement toucha l'Europe entière. En Espagne, l'Inquisition y joua un rôle. Elle n'en fut pas l'acteur principal, mais un appoint appréciable. Elle se transforma partiellement en cour disciplinaire, jugeant les clercs coupables de fautes professionnelles particulièrement graves : ceux qui s'étaient mariés en dépit de leur vœu de chasteté, ou ceux qui induisaient leurs pénitentes à commettre en leur compagnie « des actes honteux ».

Elle mena surtout une action répressive à l'égard des laïcs dans quelques domaines sensibles. La pratique de la magie, par exemple ; ou les croyances en matière sexuelle : il semble qu'une bonne partie de la population castillane considérait encore, vers 1560, que coucher avec une célibataire consentante n'était pas un péché. L'Eglise accordait beaucoup d'importance à ce point. Pendant toute la seconde moitié du XVIe siècle, elle prêcha sur ce thème. L'Office l'appuya en condamnant publiquement à des peines légères un certain nombre de récalcitrants.

On aurait tort de croire que cette activité fut secondaire. Certes, elle n'est pas spectaculaire : aucune exécution, guère d'emprisonnements ni de tortures, peu de condamnations aux galères... Mais entre 1560 et 1620 elle représente les deux tiers de l'activité de la plupart des tribunaux de l'intérieur, près 40 % de l'activité totale dans tout le pays. Et elle constitue un apport à la Contre-Réforme, qui fut sans doute l'événement majeur de l'histoire européenne des XVIe et XVIIe siècles.

Nous avons vu l'Inquisition médiévale contribuer à l'invention du sabbat, cette prétendue assemblée des sorcières autour du diable, tout droit sortie de l'imagination des intellectuels. L'Inquisition espagnole, à l'inverse, contribua à sa disparition. La *Suprema* n'y crut jamais, bien qu'il y ait eu débat et que, parfois, les inquisiteurs locaux aient cédé à la mode. Presque systématiquement, le Conseil faisait libérer les accusés. La décision qu'il prit dans ce sens, au début du XVIIe siècle, à la suite d'exécutions ordonnées par l'Inquisition de Logroño, est restée célèbre.

Au XVIIIe siècle, l'Inquisition s'endormit. Les procès se firent rares. Le tribunal tenta d'endiguer les idées nouvelles qui se répandaient dans les classes dirigeantes. Il se heurta à plusieurs reprises au pouvoir royal et y laissa une part de sa puissance. Mais ce qu'il perdait en efficacité matérielle, il le gagnait en popularité : il devint à cette époque, pour beaucoup d'Espagnols, dans l'élite comme dans le peuple, le symbole de ce qui faisait à leurs yeux l'identité de leur pays : une fidélité aveugle à la foi catholique. Supprimer l'Office ne fut donc pas une mince affaire. Il fallut l'invasion napoléonienne, puis vingt ans de débats pour se résoudre, après deux abolitions avortées, à déclarer son extinction définitive en 1833. Depuis un siècle pourtant, il n'agissait plus guère.

L'Inquisition espagnole avait débordé les

limites de la Péninsule. Elle entretenait des tribunaux, soumis comme les autres au Conseil de Madrid, en Sicile, en Sardaigne — possessions espagnoles jusqu'au début du XVIIIe siècle — et en Amérique — Lima et Mexico, créés dans la seconde moitié du XVIe siècle, Cartagena de Indias, créé au début du XVIIe—. Je n'en traiterai pas, car les problèmes qu'ils soulèvent dépassent le cadre qui m'est imposé. Je signalerai seulement que l'Inquisition américaine ne pouvait juger que les Espagnols et les Noirs : les Indiens étaient exempts de sa juridiction.

b) L'Inquisition portugaise.

Pas plus que la Castille, le Portugal n'avait connu l'Inquisition médiévale. Au milieu du XVe siècle, il abritait une importante communauté juive —trente mille personnes environ, 3 % de la population —, qui vivait dans une relative tranquillité : les pogroms étaient presque inconnus et les discrimination légales peu appliquées. Aussi, en 1492, beaucoup de juifs expulsés d'Espagne s'y réfugièrent-ils : la population hébraïque doubla d'un coup.

Le pays était alors lancé dans une gigantesque entreprise : la conquête du premier empire colonial européen, dispersé d'Angola à l'Indonésie. Il manquait d'hommes, de techniciens : le roi fit tout pour retenir ces immigrants. En 1496, il fit baptiser de force juifs espagnols et portugais, avant de leur défendre de quitter le pays (1499). Il leur promit cependant que, pendant vingt ans, personne ne leur demanderait compte de leur foi et abolit, en 1507, toutes les discriminations qui pouvaient s'exercer à leur endroit.

Car l'arrivée des Espagnols avait mis à mal la cohabitation pacifique d'antan et la haine des juifs qui se répandait dans le peuple se reportait sur les nouveaux-convertis, les « gens de la nation », comme on disait. En 1506, un pogrom aurait fait deux mille morts à Lisbonne...

En 1515, le roi demanda au pape l'instaurer dans son pays l'Inquisition ; sans conviction : cette requête n'était que le résultat de pressions diplomatiques espagnoles. En 1531, il renouvela sa demande, plus fermement : il désirait donner satisfaction au petit peuple, au bas-clergé, farouchement antisémites, et se doter lui-même d'un nouvel instrument de pouvoir, car il espérait contrôler le tribunal. Cette prétention fit reculer le pape : il accepta la demande, mais se réserva le choix de l'Inquisiteur Général. Lisbonne refusa. Cette première Inquisition fut abolie par Rome.

Charles Quint intervint alors en faveur des prétentions portugaises. Le Souverain Pontife dut composer : sur quatre inquisiteurs, il en nommerait trois, le dernier devant être choisi par le roi. Lisbonne attendait mieux. Le roi plaça à la tête du tribunal Don Henrique, son frère, qui sera plus tard régent, puis régnera et gardera jusqu'à sa mort une grande influence sur la marche de l'Office, auquel il assurera, pendant quarante ans, l'appui entier de l'Etat.

En attendant, les nouveaux-chrétiens envoyaient à Rome ambassades sur ambassades. En 1544, le pape, après des péripéties rocambolesques, réussit à faire proclamer par surprise une bulle qui suspendait jusqu'à nouvel ordre l'exécution des sentences inquisitoriales. Le souverain prit très mal la chose et menaça de rompre ouvertement. La Réforme, qui gagnait dans l'Europe du nord, plaçait la Curie en position de faiblesse. Elle céda. Ainsi naquit l'Inquisition portugaise (1547).

Elle comptait trois tribunaux : Lisbonne, Evora et Coimbra, auxquels s'ajouta rapidement celui de Goa, aux Indes. De Lisbonne relevaient également le Brésil et l'Angola. Les limites de sa juridiction, son organisation, sa procédure, telles que les définissaient les règlements, les *Regimentos* qui se succédèrent (1552, 1613, 1640), ressemblaient fort à celles de son homologue espagnole. Sous cette apparente homogénéité, cependant, une évolution originale eut lieu.

Nous avons vu combien le problème des nouveaux-chrétiens de juifs avait préoccupé les inquisiteurs d'Espagne. Ici, ce fut une obsession. Autant que nous le sachions — car l'histoire de l'inquisition portugaise est encore à écrire —, l'Office aurait consacré les trois quarts de son activité à cette seule question ; et ceci de manière continue, sans fluctuations notables au fil du temps.

Ce qui ne laisse pas de susciter des interrogations : en deux siècles et demi, il n'y aurait pas eu assimilation de la minorité *conversa*, à la différence de l'Espagne. Les débats les plus vifs ont eu lieu à ce sujet. Un historien portugais, Antonio José Saraiva, a même accusé les inquisiteurs d'avoir « fabriqué » des judaïsants, à coup de fausses accusations, pour confisquer leurs biens et assurer ainsi la survie du tribunal. Thèse extrême, bien sûr, mais qu'il sera difficile de réfuter efficacement tant que des études systématiques n'auront pas été entreprises.

C'est d'ailleurs un différend sur la politique à suivre à l'égard des *cristãos novos* qui amena le divorce entre l'Inquisition et l'Etat. Lorsqu'en 1640 le Portugal se révolta contre l'Espagne, mobiliser en sa faveur le crédit de ses marchands devint pour la nouvelle dynastie une question vitale. Ces derniers demandaient des compensations. Or beaucoup d'entre eux étaient nouveaux-chrétiens. L'intérêt national prit le pas sur les scrupules religieux : le roi proposa de paralyser le Saint Office. Celui-ci riposta en entretenant de l'agitation dans le peuple, en sabotant — par des arrestations inopportunes — l'action diplomatique de la monarchie et, finalement, en faisant intervenir en sa faveur la papauté, alliée de l'Espagne : Jean IV, le premier roi de la maison de Bragance, serait mort excommunié. La régence qui suivit préféra céder.

Au XVIIIe siècle, cependant, en dépit d'une façade brillante et d'une activité soutenue qui contraste avec la décadence de l'Inquisition espagnole, l'Office avait perdu l'appui des milieux dirigeants et de la Cour, des gens surtout qui voyageaient à l'étranger et qui pouvaient mesurer la réputation de barbarie et d'obscurantisme qu'une telle institution donnait à leur pays. Aussi le marquis de Pombal, le grand ministre « éclairé » du Siècle des Lumières portugais, entreprit-il de la réformer. Non point de l'abolir, car elle pouvait être utile comme tribunal d'Etat, mais de la mettre dans la main du roi. C'était fait en 1769, lorsqu'il coupa les liens qui l'unissaient à l'Eglise. Plus encore lorsqu'il lui interdit de poursuivre les *conversos* et qu'il imposa silence à la nation tout entière sur le sujet des nouveaux-chrétiens : en quelques années le problème parut oublié. Les bases mêmes sur lesquelles l'Office asseyait son pouvoir avaient disparu. Il traîna une existence languissante jusqu'à ce que le premier gouvernement libéral le supprime, en 1821.

c) L'Inquisition romaine.

Au milieu du XVIe siècle, la situation de l'Italie était complexe. La péninsule était divisée en de multiples Etats : Venise, l'empire maritime, qui s'étendait jusqu'à Chypre, puissance commerciale tournée vers l'Orient et vers l'Allemagne, république patricienne, jalouse de son indépendance et méfiante à l'égard de tout ce qui n'était pas elle ; Milan, la cité industrielle et commerçante, plaque tournante du trafic d'Allemagne ; la Savoie, sur le territoire de laquelle s'émancipait la Genève de Calvin ; Gênes, une république de banquiers et de marchands, qui se mettait au service de l'Espagne ; Florence, où les Médicis consolidaient leur dynastie ; Lucques, Modène, Parme et Ferrare, petites cours brillantes, actives et cultivées ; les Etats de Saint Pierre, que périodiquement menaçait l'anarchie, mais où Rome restait l'une des villes les plus riches et les plus belles d'Occident ; Naples, enfin, et la Sicile, le grand royaume du Midi, fermement tenu par l'Espagne

Etats secondaires, minuscules parfois, mais indépendants et se voulant tels. Les dominant tous, l'Espagne, en faveur de qui se décidait la lutte qui, depuis cinquante ans, l'opposait à la France pour le contrôle de la péninsule. Elle possédait directement Naples et Milan. Ses armées sillonnaient le pays. Elle y jouait le rôle de gendarme. On la supportait mal, mais on sentait qu'elle seule pouvait éloigner la menace des

Turcs qui pesait sur les côtes, ce qui donnait à réfléchir aux plus audacieux.

Une grande question agitait alors les milieux cultivés : quelle position prendre vis-à-vis de Luther, le réformateur qui bouleversait l'Allemagne ? L'Italie restait le pôle culturel du monde chrétien : c'est elle qui produisait les plus grands artistes, les plus grands savants. Un parti « évangélique » s'y était formé, autour de Juan de Valdés, à Naples, des cardinaux Pole et Morone, à Rome, qui pratiquait un christianisme ouvert, axé sur la piété personnelle, l'étude des textes, la confiance dans les mérites du Christ et qui prônait l'entente avec les réformateurs du Nord, dont il se sentait proche. En 1541, il crut toucher au but : poussés par Charles Quint, théologiens catholiques et protestants se mirent d'accord à Ratisbonne sur une déclaration de foi commune. Mais ni Luther ni le pape n'acceptèrent le compromis : c'était la fin des espoirs de réconciliation qu'on avait jusque-là nourris des deux côtés. L'heure n'était plus aux ménagements. Dès 1542, Paul III réorganisait l'Inquisition.

Il constituait à Rome un Office central de six cardinaux, qui auraient tout pouvoir. Il lui donnait juridiction sur toute la chrétienté, à l'exception de l'Espagne, de l'Amérique et du Portugal, régis par des inquisitions particulières. Il lui concédait le pouvoir de nommer des inquisiteurs délégués, juges pontificaux, qui le représenteraient dans les provinces, et de recevoir les appels suscités par leurs sentences : c'était une inquisition médiévale, réorganisée selon les principes de centralisation qui avaient fait leur preuve en Espagne. Ainsi pensait-on lever les obstacles qui l'avaient autrefois paralysée : absence de coordination entre les tribunaux, mauvaise circulation de l'information, politique contradictoire de la papauté, qui tantôt appuyait les inquisiteurs, tantôt annulait leurs décisions...

L'installation de cette institution nouvelle fut difficile. Les pouvoirs laïcs étaient réticents face à ces juges qu'ils considéraient comme les représentants d'une puissance étrangère. Le roi de France ne les autorisera jamais à agir sur ses terres. Le roi d'Espagne, le champion du catholicisme, interdira à la Congrégation romaine toute ingérence dans ses royaumes ibériques. Il l'accueillera cependant dans ses possessions italiennes, en Flandres aussi, lorsque les progrès du protestantisme y mettront en danger son autorité : décision lourde de conséquences, nous le verrons. En Franche-Comté, il l'autorisa du bout des lèvres, mais son Parlement de Dôle garda un monopole de fait sur l'hérésie.

En 1563, Milan refusa l'Inquisition, craignant le départ des marchands allemands et la ruine de son commerce. Venise, qui disposait déjà d'une police spécialisée, se montra fort réticente : ce n'est qu'en 1547 qu'elle céda, à condition qu'une place soit faite, parmi les juges, à ses propres magistrats. A Rome même, à la mort de Paul IV, le 18 août 1559, des émeutiers envahirent le siège de l'Office, libérèrent les prisonniers et brûlèrent ses archives.

A la fin du siècle on dénombrait une quinzaine de tribunaux dans la péninsule : Bologne, Naples, Gênes, Florence, Aquilée, Venise, Modène, Parme et Plaisance, Ferrare... Hors d'Italie, rien. Nulle part en dehors des Etats du pape, l'Inquisition ne put compter sur l'appui inconditionnel du pouvoir politique. C'était une grande faiblesse.

Jusque vers 1580/1590, le protestantisme resta la grande affaire : des études récentes viennent de le confirmer. Dans le Nord, dans la Ville Eternelle, à Venise ou dans le Frioul, la moitié des sentences portent sur ce point : hérétiques formels, allemands ou italiens, prédicateurs trop audacieux, lecteurs de livres interdits... Le trait est moins net à Naples. A Rome, le cardinal Morone lui-même fut poursuivi, en dépit de ses hautes fonctions. On surveillait le commerce des livres, la diffusion des tracts de propagande, comme ceux dont Henri IV inonda l'Italie lorsqu'il prétendit au trône de France.

Comme en Espagne, l'activité se déplaca ensuite vers des délits où l'hérésie du prévenu était douteuse, affaires de mœurs plus que de foi, mais qui mettaient en jeu des points que le clergé de la Contre-Réforme considérait comme fondamentaux : répression de la bigamie, de la sollicitation « ad turpia » des pénitentes par les confesseurs, du blasphème, de « propositions » diverses ; de la magie, surtout, qui, au XVIIe siècle, occupa le devant de la scène.

Cet aspect a attiré les historiens. Ainsi Carlo Ginzburg a-t-il raconté dans un livre magnifique, comment en cinquante ans de poursuites, les inquisiteurs frioulans avaient convaincu les « benandanti », un groupe de paysans persuadés qu'ils luttaient de nuit contre les sorciers et les empêchaient de détruire les récoltes, qu'ils étaient eux-mêmes des suppôts du démon. Il a démonté le mécanisme qui amena la condamnation de Menocchio, le meunier, qui s'était construit, à partir de lectures qu'il interprétait de façon très personnelle, une cosmogonie où le monde était un gigantesque fromage et où les hommes étaient les vers qu'engendrait sa putréfaction...

Comme en Espagne, le Saint Office recevait la confession des « renégats », des chrétiens passés à l'islam, spontanément ou après leur capture par les flottes turques, lorsqu'ils regagnaient leur patrie ; comme en Espagne, il les traitait avec bénignité.

La grande différence avec les Inquisitions ibériques, réside dans de fait que l'italienne négligeait presque totalement le judaïsme, non seulement les juifs proprement dits, mais encore les juifs baptisés revenus à la religion de leurs ancêtres : ils trouvaient à Livourne, à Venise, à Rome même, des oasis de paix relative, où se réfugiaient les exilés de l'Europe entière. Leur rôle comme prêteurs et comme intermédiaires commerciaux avec l'Orient était trop important pour qu'on osât, sauf exception, les molester.

La tâche qui lui était confiée rendait l'Inquisition peu réceptive aux nouveautés. Elle en administra la preuve dans l'affaire Galilée. Elle lui fit deux procès, coup sur coup, dans la première moitié du XVIIe siècle, pour avoir affirmé — sans arguments scientifiques, il faut le reconnaître — que la terre tournait autour du soleil, alors que la Bible déclarait le contraire. Le plus grave, dans cette affaire, c'est qu'elle constitue la première manifestation nette d'un refus de l'Eglise de prendre en compte la science moderne. Nous retrouverons cela.

L'activité du tribunal passa vraisemblablement par un maximum au début du XVIIe siècle. Dès les années 1620, elle semble diminuer. Le XVIIIe vit un déclin profond : le nombre des procès était minime. Les tribunaux disparurent un à un, supprimés par des souverains éclairés : Milan (1775), Florence (1782)... Les derniers furent emportés par l'invasion française de 1798 (Venise). Seule la Congrégation Romaine survivra, avec des fonctions différentes, jusqu'au XXe siècle.

A l'époque moderne, finalement, l'Inquisition, sous toutes ses formes, n'existait que dans les pays méditerranéens : l'Europe du Nord l'ignorait presque totalement. Or, c'était là-bas, en France, en Allemagne, aux Pays-Bas, que se déroulaient les grands affrontements religieux dans lesquels on aurait pu attendre qu'elle intervienne. En fait, les pouvoirs séculiers la remplacèrent : les Parlements du roi, par exemple, qui, en France, condamnérent les protestants par centaines et, en Belgique, multiplièrent les sentences de mort en vertu des édits féroces rendus par Charles Quint. Tout se passe comme si la création de l'Inquisition romaine reposait sur un malentendu, comme si l'Eglise s'était imaginé disposer du pouvoir temporel... Illusion ! Même au XVIe siècle, elle n'en gardait quelques apparences qu'en Italie, face à des principautés secondaires, et elle les perdit avant la fin de l'Ancien Régime. Dès sa création, la Congrégation romaine était anachronique. Non pas à cause de son intolérance, car personne alors n'était tolérant ; mais parce qu'elle ne prenait pas en compte une réalité plus profonde que les clivages religieux, une réalité qui se manifestait dans les pays protestants aussi bien que dans les pays catholiques et qui, à terme, préparait la laïcisation de l'Europe : la naissance des Etats.

IV

Organisation administrative et financière

Nous avons eu affaire à plusieurs inquisitions au cours de cette histoire. Elles présentent de nombreux traits communs. Aussi, faute de pouvoir peindre en détail chacune d'entre elles, me contenterai-je de décrire la mieux connue, l'espagnole, typique des inquisitions « modernes ».

a) Le personnel.

1) Les fonctionnaires. Tout en haut, l'Inquisiteur général. C'était un personnage considérable. Membre du clergé, il cumulait le plus souvent son poste avec l'un des gros évêchés du pays, jouissant ainsi de revenus importants. Jusqu'au milieu du XVIIe siècle, à l'époque de la splendeur de l'institution, il était fréquent qu'il reçût en outre des responsabilités politiques de premier plan : Torquemada (1478-1498) fut l'un des conseillers les plus écoutés des Rois catholiques ; Fernando de Valdés (1547-1568) avait été président du Conseil de Castille, l'équivalent d'un ministère de l'intérieur doublé d'une cour suprême ;

Nithard (1666-1668), confesseur et favori de la reine, était le véritable régent du royaume... Même au XVIIIe siècle, lorsqu'on plaça à la tête d'un Saint Office en déclin des personnages falots, il resta l'un des hommes clé de l'Etat.

Il était nommé par le pape, qui seul pouvait le révoquer. En fait le roi présentait un candidat toujours accepté et savait obtenir la démission d'un titulaire devenu gênant. En droit, il était maître du tribunal : il établissait son règlement intérieur, nommait et révoquait les inquisiteurs, prononçait les grâces, recevait les appels. Mais il était flanqué d'un Conseil d'une demi-douzaine de membres, la Suprême, qui, progressivement, le dépouilla de ses attributions.

Le Conseil Général de la Suprême Inquisition était apparu quelques années après la fondation du tribunal. Il siégeait à la Cour et avait rang parmi les grands corps de l'Etat. Ses membres n'étaient pas forcément d'anciens inquisiteurs. Il entretenait une correspondance suivie avec les tribunaux de district dont il était, plus que l'Inquisiteur Général, l'interlocuteur normal. Il exerça sur eux un contrôle de plus en plus étroit qui fit progressivement de l'Inquisition d'Espagne l'une des institutions les plus centralisées de l'Ancien Régime — ce qui nous a valu de conserver une masse considérable d'archives — : dans le courant du XVIIe siècle, il finit par se réserver de prononcer seul les sentences...

Le territoire couvert par l'Inquisition espagnole — Espagne actuelle, Sardaigne, Sicile, Amérique espagnole — était divisé en une vingtaine de districts, de superficie très inégale, qui s'échelonnaient des 90 000 kilomètres carrés de Valladolid aux 5 000 des Baléares — sans tenir compte des cas exceptionnels que constituent les tribunaux américains, à l'échelle d'un continent, ou le tribunal de cour, qui ne couvre que le Madrid *intra muros*. Dans chacun, deux ou trois inquisiteurs, rarement plus, rarement moins. Personnages importants, ils étaient nommés par l'Inquisiteur général, après consultation du roi. Ils jouissaient d'un salaire décent et, fréquemment, des revenus d'un ou de plusieurs postes ecclésiastiques — souvent des places de chanoine — qu'ils encaissaient sans être tenus d'effectuer aucun travail particulier. Entourés d'une nombreuse domesticité, ils vivaient dans l'aisance.

Très rarement moines, presque toujours prêtres séculiers — ni les dominicains, ni les franciscains, qui avaient dominé l'Inquisition médiévale et qui jouaient encore un rôle important, à l'époque, dans l'Inquisition italienne n'apparaissent ici, sauf au tout début —, c'étaient des juristes, à la différence encore des inquisiteurs médiévaux qui semblent avoir été surtout théologiens. Presque tous avaient reçu une formation universitaire poussée, souvent dans les « collèges majeurs », qui formaient alors la plupart des cadres de l'Etat espagnol.

Jusqu'à un âge assez avancé, rien n'avait semblé les distinguer des autres jeunes gens, issus comme eux de la petite noblesse, qui se destinaient à une carrière administrative. Comme eux, ils avaient longtemps hésité entre l'Eglise et le monde laïque et n'avaient préféré les ordres au mariage qu'en fonction des postes qu'on leur offrait. Entrés dans la carrière inquisitoriale après un passage dans l'administration diocésaine, la plupart d'entre eux y suivaient un long cursus, changeant régulièrement d'affectation, passant des tribunaux les moins cotés — Galice, Baléares, Sardaigne — aux plus prestigieux — Tolède, Séville, Madrid. Ils pouvaient espérer, en récompense de leurs services, un évêché, ou un poste de conseiller de la Suprême. Beaucoup mouraient au poste ; d'autres devaient se contenter d'une honorable retraite, quand une décrépitude trop marquée les rendait inaptes à l'Office...

Tel était le lot de la plupart d'entre eux. Car à côté de ces tâcherons, il en était, fils de très grandes familles, qui ne faisaient que passer quelques années de leur jeunesse au service du tribunal de la foi : simple apprentissage au début de carrières fulgurantes qui les amèneront aux plus hautes responsabilités. Leur présence, au XVIe comme au XVIIe siècle, a valeur de témoignage : l'Inquisition est alors rangée dans la haute administration, dont elle constitue un échelon inférieur. Leur disparition au XVIIIe constitue une preuve supplémentaire de son déclin.

Sous les inquisiteurs, dans chaque district, une dizaine de fonctionnaires à plein temps : le procureur fiscal, dont nous verrons le rôle ; quelques secrétaires, virtuoses de la plume d'oie, chevilles ouvrières de la cour, car toute la procédure était couchée par écrit et le temps passé à la rédaction de ces milliers de pièces, à une époque qui ignorait la machine à écrire, constituait l'un des goulots d'étranglement qui limitaient l'activité du tribunal ; le nonce, une espèce de commissaire-messager ; l'alguazil, chargé des arrestations ; le portier... Une dizaine d'employés à temps partiel aussi, médecins, chapelains, l'économe de la prison, le receveur, qui tenait la caisse. Rien d'autre. Pour toute la monarchie, Amérique comprise, trois cents fonctionnaires à plein temps, au total, trois cents à mi-temps. Il faudra nous en souvenir : leurs moyens d'action étaient forcément réduits. On est loin des administrations tentaculaires du XXe siècle.

Ils ont aujourd'hui une détestable réputation. L'inquisiteur est devenu un type littéraire, dans le meilleur des cas un fanatique borné, dans le pire un fourbe, sadique, hypocrite, lubrique en sus. Peu d'éléments objectifs justifient cette image. Il y en eut, certes, qui correspondaient, au moins partiellement, au stéréotype, tel le fameux Lucero, qu'on finit par révoquer, au début du XVIe siècle, lorsqu'il entreprit de brûler par dizaines les notables de Cordoue.

Mais il est loin d'être représentatif. Aussi curieux que cela paraisse, la pondération, plutôt que le fanatisme, semble avoir été la principale qualité de ces hommes. Nous en avons vu des preuves, en ce qui concerne la sorcellerie. Ce que l'on sait de leur vie cadre mal avec l'image du bigot maladivement replié sur lui-même : Cisneros par exemple, Inquisiteur Général de 1507 à 1517, a détruit des bibliothèques entières de livres arabes ; mais il est aussi le fondateur de l'Université d'Alcalá de Henares, créée pour ouvrir son pays aux nouveaux courants de la pensée européenne, et l'inspirateur d'une Bible polyglotte, à la pointe de la science de son temps. Tel autre s'est fait représenter sur son tombeau, mollement allongé sur le flanc, la main sur la tempe, lisant un ouvrage qui, à l'évidence, ne traite pas de théologie...

Moins prévaricateurs que d'autres, plus compétents, préoccupés surtout de leur carrière, de placer leurs parents, d'assurer leurs vieux jours, menant parfois joyeuse vie — certains rapports d'inspection sont éloquents et Valdés avait au moins un bâtard —, ils ne se distinguaient par rien d'essentiel de l'ensemble du personnel administratif de l'époque. Ce n'est qu'au XVIIIe siècle qu'ils se mirent à ressembler, dans une certaine mesure, à leur caricature.

2) Les bénévoles. Nous n'avons parlé jusqu'ici que des employés qui touchaient régulièrement un salaire. Ils ne constituaient que le noyau d'une nébuleuse de collaborateurs qui, eux, se mettaient gratuitement à la disposition de l'Office.

En premier lieu, les *qualificateurs.* Clercs, presque toujours des réguliers, recrutés jusqu'au XVIIe siècle dans l'élite intellectuelle du pays, — presque toutes les gloires du Siècle d'or le furent —, ils étaient chargés d'éclairer les juges en matière théologique. Les faits rapportés étaient-ils hérétiques ? Un extrait de la dénonciation était communiqué à un ou plusieurs spécialistes qui remettaient un rapport concluant soit par la négative, soit « qualifiant la proposition » d'offensive aux pieuses oreilles, de blasphématoire, de scandaleuse ou de formellement hérétique. Les juges agissaient en fonction du résultat. Certes, ils n'étaient pas tenus par les conclusions présentées. Mais c'était là une étape décisive du procès et, dans les cas difficiles, on assistait à des batailles d'experts dignes des plus belles empoignades judiciaires contemporaines.

Au moment de rendre la sentence intervenaient des « assesseurs », membres du clergé ou juristes laïques. On tenait compte de leur avis, car il représentaient des groupes de pression efficaces, mais ils n'avaient que voix consultative.

Pièce clé du dispositif, le commissaire. Il

était né au Moyen Age d'une constatation simple : les circonscriptions inquisitoriales étaient trop vastes pour que deux individus puissent les contrôler efficacement. Aussi installait-on dans les villes principales des tribunaux secondaires, dotés de pouvoirs très étendus : en fait, ils pouvaient tout faire, sauf rendre des sentences. En Espagne même, l'Est du pays, qui avait connu l'Inquisition médiévale, conserva des vestiges de cet ancien système jusqu'au milieu du XVIe siècle. En Castille, rien de tel n'existait. On crut pouvoir y faire l'économie d'une telle structure : les inquisiteurs, pensait-on, se déplaçant en incessantes « visites du district », pourraient couvrir l'ensemble du territoire.

De fait, ils passèrent soixante-dix ans sur les routes. Ce qui n'allait pas sans inconvénients. En 1559, un pamphlétaire protestant inonda Tolède de tracts : aucun inquisiteur n'était présent. On décida alors de sédentariser les tribunaux en créant un réseau dense d'agents qui permettrait aux juges d'agir à distance. C'était sans doute la première fois qu'une administration prenait une telle décision en Europe occidentale : aucune agglomération ne devait se trouver à plus de quinze kilomètres d'un représentant de la cour.

Il n'était pas question de rétribuer les commissaires : une telle charge aurait dépassé les moyens de l'Etat. Il fallut recourir au volontariat. Le réseau, de ce fait, n'eut pas la belle ordonnance qu'on espérait : congestionné sur certains points par l'afflux de candidats, il laissait ailleurs de vastes zones à découvert. Dans l'ensemble, cependant, et pendant un bon siècle, il fonctionna.

Ces nouveaux commissaires étaient des prêtres séculiers, originaires souvent de l'endroit où ils exerçaient, bons connaisseurs du milieu, riches d'influences et d'appuis locaux qu'ils mettaient au service du Saint-Office. On leur laissait moins d'initiative qu'à leurs prédécesseurs médiévaux : ils recevaient les dénonciations, les transmettaient, convoquaient les témoins, sur ordre, les interrogeaient et arrêtaient les coupables lorsqu'ils recevaient un mandat du siège. En fait, protégés par la distance et se sachant indispensables, ils n'en faisaient souvent qu'à leur tête, manipulant le tribunal au gré de leurs intérêts, « oubliant » de rendre compte de certains cas, ou suscitant des dénonciations contre leurs ennemis. Autant que les intérêts de l'Office, ils défendaient les leurs propres. A ce titre, l'Inquisition était logée à l'enseigne de toutes les administrations, incapables, avant le XIXe siècle, de créer des corps de fonctionnaires nombreux, bien rétribués et solidement tenus en main.

Entre autres choses, les commissaires étaient chargés de surveiller les familiers. Que n'a-t-on pas écrit sur ces derniers ! Milice omniprésente, troupe d'espions enserrant la société entière dans les mailles d'un réseau de délations... La réalité, telle qu'elle commence à nous apparaître, est plus modeste. Eux aussi venaient du Moyen Age : ils trouvaient leur origine dans les gardes armés dont les inquisiteurs avaient alors le droit de se faire escorter. Dès la fin du XVe siècle, les inquisiteurs d'Espagne en disposaient. Pendant longtemps, l'administration royale freina leur développement, car ils jouissaient de privilèges qui leur permettaient d'échapper en partie à son contrôle. Leur nombre s'accrût considérablement au milieu du XVIe siècle. A leur apogée, vers 1580/1590, ils devaient être une dizaine de milliers.

Une armée considérable, répartie dans toutes les agglomérations importantes du district. Mais pour quoi faire ? Officiellement, ils servaient de bras armé au tribunal pour l'arrestation et la garde des prisonniers et, s'il y avait lieu, pour sa défense. En fait, ils n'étaient que des agents passifs, privés de toute initiative, qui n'agissaient que sur réquisition expresse d'un inquisiteur ou d'un commissaire. Les études les plus récentes ont montré qu'ils ne fournissaient qu'une part infime des dénonciateurs. Leur témoignage, d'ailleurs, n'avait pas pour les juges plus de poids qu'un autre. Beaucoup considéraient leur charge comme purement honorifique et refusaient de servir effectivement. Car si, au début, ils se recrutaient dans des milieux relativement modestes —paysans moyens, artisans—, au fil du temps leur niveau social s'éleva et la noblesse, les notables envahirent le corps : il n'était pas question d'obliger ces gens-là à jouer les gardes-chiourme.

b) Les finances du tribunal de la foi.

On l'aura peut-être compris, les finances constituaient le talon d'Achille de l'Inquisition. Au Moyen Age, elle confisquait les biens des coupables au profit du souverain laïque, à charge pour celui-ci d'en rétrocéder une partie pour assurer le financement de l'Office : compensation nécessaire pour encourager les autorités civiles à soutenir un tribunal qui, sans elles, aurait été désarmé. En outre, en tant que juges ecclésiastiques, les inquisiteurs infligeaient des « pénitences » pécuniaires dont ils gardaient la libre disposition.

On reprit, en Espagne, les mêmes principes. Les premières années, tant qu'on eut affaire à des communautés converses riches et massives, le système paraît avoir correctement fonctionné : les condamnations étaient nombreuses, les procès rapides, l'argent rentrait bien ; le roi fit même des profits, autant que la documentation conservée nous permette d'en juger. On put multiplier les tribunaux et assurer à leurs employés des salaires très corrects.

Cela ne dura pas. L'activité diminua rapidement et le filon des confiscations se tarit. Bien que le souverain en ait abandonné le produit intégral à l'Office, dès la fin du XVe siècle les signes de crise se multiplient. Pour réduire les frais, on supprima un tribunal sur deux. On obtint du pape l'autorisation d'attribuer à chaque inquisiteur, à titre personnel, les revenus d'une prébende pour compenser la stagnation des salaires. On s'attaqua aux morisques, pour trouver de nouvelles sources de revenu. En vain.

Les confiscations ne rendant plus, on se tourna vers les amendes, les « pénitences », qui, de 1530 à 1560 paraissent avoir constitué l'essentiel des ressources de certains tribunaux. La vie de ces derniers en fut bouleversée. Il fallut élargir l'éventail des délits poursuivis. Au prix de contorsions dignes d'une meilleure cause, les théoriciens étendirent la notion d'hérésie au-delà de toute mesure : blasphémateurs, guérisseurs, bigames, ignorants qui connaissaient mal leur catéchisme, presque tous vieux-chrétiens, tombèrent sous la juridiction de l'Office et constituèrent sa « clientèle »... Il n'était pas question de jeter ces gens en prison, ni de leur imposer, le plus souvent, un long voyage au siège du tribunal : les inquisiteurs eux-mêmes se rendaient bien compte qu'en dépit de ce qu'ils affirmaient pour justifier leur action, l'orthodoxie de ces personnes n'était pas vraiment en cause ; et traiter trop brutalement ces « délinquants », qui n'appartenaient plus à des minorités détestées et dans lesquels l'Espagnol moyen pouvait se reconnaître, risquait de provoquer des troubles. Aussi allégea-t-on pour eux la procédure et alla-t-on les chercher dans leurs villages : les juges passèrent de bourg en bourg, des mois durant, recevant des centaines de dénonciations, accordant de multiples audiences, expédiant des dizaines d'affaires, chacune en quelques instants, sous des formes qui ressemblaient plus à une confession qu'à un procès, accumulant le produit de multiples petites amendes.

On changea de système vers 1560, lorsqu'on découvrit quelques foyers protestants dans la Péninsule. Les autorités s'affolèrent, craignant que ce bastion du catholicisme ne passe à la Réforme. Le Saint-Office était plus nécessaire que jamais. Mais il était inefficace — à preuve, la mésaventure déjà contée des inquisiteurs de Tolède en 1559. Il fallait lui donner les moyens d'une action puissante, avant tout de l'argent. On le préleva sur l'Eglise : le pape ordonna de transférer au tribunal les revenus d'une place de chanoine par chapitre, dans toutes les cathédrales et basiliques du pays, sans préjudice de celles que les inquisiteurs occupaient déjà à titre personnel.

Les résultats furent immédiats. Du jour au lendemain, les budgets devinrent excédentaires. On put augmenter des salaires, qui n'avaient pas varié depuis quatre-vingts ans en dépit d'une inflation notable. On cessa de poursuivre n'importe qui pourvu que ça rapporte, et les juges concentrèrent leur action sur des points précis, en rapport, nous l'avons vu, avec les directives nouvelles du Concile de Trente qui venait de s'achever. Dans la seconde moitié du XVIe siècle, le tribunal connut sans doute son apogée.

Les chapitres tiraient l'essentiel de leurs revenus des dîmes, un impôt que les paysans payaient en proportion de leur récolte. Or, au XVIIe siècle, dans beaucoup de régions d'Espagne, la production agricole s'effondra et, avec elle, les ressources des rentiers de la terre : en trente ans, entre 1620 et 1650, l'Inquisition de Tolède perdit au moins le tiers de ses revenus en valeur réelle. On bloqua, puis on cessa partiellement de payer les salaires.

Les fonctionnaires, tout naturellement, se tournèrent, pour survivre, vers des tâches plus lucratives que l'expédition des procès de foi : les enquêtes de pureté de sang au premier chef, pour lesquelles existait une forte demande. Il s'agissait de certificats qui garantissaient que leur titulaire était vieux-chrétien. Ils étaient indispensables, en Espagne, pour occuper toutes sortes de places, pour devenir membre des collèges universitaires les plus prestigieux, pour obtenir le titre de chevalier des ordres militaires. L'Inquisition en délivrait à ses agents. Certes, d'après les règlements, le tribunal n'en retirait aucun profit. Mais les rapports d'inspection sont intarissables sur les pots-de-vin, pourboires et autres épices que ses fonctionnaires exigeaient des postulants : il fallait payer, sous peine de voir le dossier s'enliser dans les sables de l'oubli. Plus tard, vint le travail à temps partiel : les secrétaires consacraient trois heures, le matin, à l'expédition des affaires et le reste de la journée à leur étude de notaire ou à la gestion de leurs propriétés. On comprend dès lors la paralysie progressive de l'institution après 1630 et son atonie au XVIIIe siècle.

⁂

On voit donc :

1) Que les problèmes financiers ont joué un rôle capital dans l'histoire de l'Inquisition espagnole, qu'ils ont en bonne partie conditionnée : au début et au milieu du XVIe siècle, dans la première moitié du XVIIe, ils sont à l'origine de modifications très importantes dans l'activité et l'organisation du tribunal. Ils sont responsables d'un véritable détournement de fonction qui se produisit entre 1620 et 1640, qui transforma l'institution, de tribunal de la foi en agence de pureté de sang et qui illustre si bien le danger qui guette toute organisation, politique, religieuse ou administrative : faire passer sa survie avant toute autre considération, renoncer même à ses buts pour assurer celle-ci, se transformant objectivement en parasite.

2) Que, contrairement à la légende, l'Inquisition a manqué d'argent et, sauf exception, n'a pas enrichi ses promoteurs.

3) Que l'essentiel de ses ressources ne provenait pas des confiscations. Cela ne veut pas dire que ces dernières aient été dénuées d'importance. Mais entre la fortune du condamné et les caisses de l'Office, les biens confisqués se volatilisaient en grande partie, soit que des employés indélicats se servissent au passage, soit qu'il fallût tout sim-

plement rembourser les dettes de la victime ou les frais de justice : deux tiers de pertes paraît un taux normal. Confisquer n'était pas une bonne affaire.

V

Le procès

a) Lope de Hinestrosa.

1538. Daimiel, un gros bourg au centre de la Manche. L'inquisiteur Yanés, de Tolède, procède à la « visite du district ». Il y a là des morisques, une grosse communauté que l'on soupçonne de pratiquer secrètement l'islam. D'ailleurs, ils vivent à part, regroupés dans un quartier où les chrétiens de souche ne pénètrent guère. Par leur aspect, par leur costume ou leur langage, ils ne se distinguent en rien de ces derniers. Mais ils se marient entre eux, vivent repliés sur eux-mêmes et nourrissent une forte conscience de groupe, alimentée par l'hostilité sourde de la majorité. Ils ont leurs chefs, de riches personnages à l'échelle du village, dispensateurs de travail, de secours, du blâme et de l'éloge, qui maintiennent leur cohésion sociale et culturelle et répriment les comportements « déviants ». Ils sont capables de s'organiser en groupe de pression, de peser sur les affaires municipales et, en compagnie de leurs congénères des villages voisins, d'intervenir efficacement jusqu'au plus haut niveau de l'Etat. On l'a bien vu : à deux reprises au moins, ils ont éloigné d'eux l'Inquisition.

Car celle-ci les guette depuis longtemps. Non sans raison. Plusieurs familles fuient le mépris des vieux-chrétiens et expriment leur conscience de groupe en se voulant musulmanes. Etrange islam, d'ailleurs, réduit à sa plus simple expression : la croyance en un Dieu unique qui n'est pas celui des chrétiens, le rejet de la Trinité et de la personne du Christ, l'admiration pour un prophète nommé Mahomet, le refus du porc et du vin, une manière spéciale d'égorger les animaux, des rites funéraires particuliers... Guère plus. Trente-six ans après la conversion, personne n'est plus capable de réciter les prières, ni de déterminer les dates du Ramadan. Il y a bien longtemps qu'on a oublié l'arabe.

Vers 1535, l'Etat lâche la bride au Saint Office. Yanés peut faire son enquête. Il interroge systématiquement les vieux-chrétiens qui ont des relations avec la minorité, sans apprendre grand chose car celle-ci garde bien ses secrets. Il en repère quand même les chefs. En novembre 1538, de retour à Tolède, il soumet la moisson à ses deux collègues. Ensemble, ils décident d'arrêter l'homme le plus en vue, Lope de Hinestrosa.

A la fin du mois, les interrogatoires commencent. Lope se défend comme un beau diable. Il est rapidement informé de ce dont on l'accuse. Il s'en doutait, d'ailleurs. Il nie tout, au début. Il doit ensuite reconnaître qu'il ne boit pas de vin, ni ne mange de lard, qu'il égorge les bêtes à la mauresque, qu'il s'est réjoui des victoires de Barberousse, le raïs d'Alger, et des défaites de Charles Quint. Encore faut-il toute l'habileté de Yanés qui, le mois de janvier, l'épuise en audiences et le saoule de questions, pour obtenir ce résultat. Mais cela n'en fait pas un hérétique, maintient-il. Et il a raison : ce ne sont que signes extérieurs, des indices, pas des preuves.

Au printemps, le « procureur fiscal » présente l'accusation. Quelques temps après, lors de la « publication des témoins », on communique au prévenu le contenu des témoignages qu'on a retenus contre lui, en taisant le nom des informateurs : c'est une règle fondamentale de la procédure inquisitoriale, pour éviter les représailles.

Hinestrosa présente alors un interrogatoire de défenses. Il nomme des témoins à décharge, qui vont jurer qu'il est lui-même bon chrétien, que les témoins de l'accusation sont ses ennemis et que partant, leurs dires sont irrecevables en droit. Ils les désigne presque tous, en dépit de leur nombre : sans doute avait-il espionné ceux qui s'étaient rendus chez Yanés au cours de la visite. L'affaire, cependant, se retourne contre lui : plusieurs des personnes qu'il cite expriment des doutes sur son orthodoxie.

L'été se passe en audiences qui n'apportent rien. Les inquisiteurs conduisent parallèlement le procès d'autres nouveaux-chrétiens. Ils essayent, en partant des faits qu'ils apprennent alors, de mettre l'accusé en contradiction avec lui-même. Peine perdue. Les deux parties, l'accusation et la défense, « concluent », reconnaissant n'avoir rien à ajouter.

Le 11 septembre 1539, les inquisiteurs, « l'ordinaire » — le représentant de l'évêque, dont la présence était obligatoire — et les « assesseurs » se réunissent pour décider du sort de l'accusé. Les preuves sont insuffisantes pour le condamner, mais les indices de culpabilité trop forts pour le libérer. Sa mise à la torture tranchera la question : en une demi-heure cruciale — le maximum légal —, soumis à une pression physique que les juges vont essayer de doser en fonction de ses forces, Lope va se sauver ou se perdre. Ou bien il avoue, et cet aveu, joint aux charges qui, déjà, pèsent sur lui, suffira à prouver sa culpabilité ; ou bien il nie et dans ce cas, le témoignage qu'il portera en sa faveur détruira les indices et l'innocentera.

Hinestrosa le sait. Il est mis au tourniquet. Très vite, il dit avoir fait tout ce qu'on lui reproche dans le but de respecter la « loi de Mahomet ». L'intention hérétique : voilà ce qui intéresse les juges. L'accusé est immédiatement détaché. Le surlendemain, il ratifie les déclarations faites sous la torture, conformément à la loi : elles deviennent dès lors utilisables en justice. Il aurait pu les révoquer ; les juges auraient alors eu le choix entre « reprendre » la séance ou rester dans le doute.

Le 23, nouvelle réunion des inquisiteurs, de l'ordinaire et des assesseurs, qui rendent la sentence : une peine spirituelle, la « réconciliation » publique, qui réincorporera le pénitent à l'Eglise, dont son hérésie l'avait exclu ; une peine corporelle, la détention dans la « prison perpétuelle » ; une peine financière : la confiscation des biens au profit du roi. Le 29, exécution au cours d'un autodafé tenu dans la cathédrale de Tolède.

Lope n'était pas libre pour autant. Pendant son procès, il avait été détenu dans la « prison secrète », coupé du monde, selon un régime proche des actuelles maisons d'arrêt, mais exceptionnel à une époque où la prison était en fait une pension, largement ouverte au public. On le transfère maintenant à la « prison perpétuelle », pour accomplir sa pénitence. Revêtu du san benito, il pourra en sortir durant le jour gagner sa vie ; chaque semaine, le gardien chef le mènera à la messe avec ses co-détenus et veillera à ce qu'il accomplisse les exercices spirituels qu'on lui imposera. De perpétuelle, sa détention n'eut que le nom : dès le 1er avril 1540, on le renvoyait chez lui.

b) Voyage au cœur de la justice.

Hinestrosa eut un autre procès, deux ans plus tard, quand les inquisiteurs découvrirent qu'il avait à se reprocher beaucoup plus que ce que l'on croyait : la possession d'un Coran, la direction d'assemblées cultuelles musulmanes, entre autres. Légalement, on aurait pu le brûler pour avoir ainsi dissimulé. On se contenta de le réconcilier pour la seconde fois.

En effet, l'image qui associe l'Office au bûcher, sans être fausse, mérite qu'on la nuance. L'Inquisition n'était pas seule à prononcer la peine du feu, hautement symbolique et purificatrice, réservée aux délits à caractère sacré, qui mettaient en question les fondements métaphysiques de l'ordre du monde. Dans toute l'Europe, on brûlait aussi les sorcières, quel que soit le tribunal qui les ait condamnées, les homosexuels et les personnes accusées de bestialité. Il est probable qu'en Espagne même, de 1500 à 1700, les juges séculiers envoyèrent à une telle mort davantage de victimes que l'Office.

D'autre part, sauf cas exceptionnels, l'Office fut très prudent lorsqu'il s'agit de prononcer ces condamnations. Nous avons vu que pendant les vingt premières années de son existence, appliquant le droit dans toute sa rigueur, il se montra d'une sévérité effroyable. Mais par la suite, le pourcentage des sentences de mort n'excéda jamais 4 % dans les matières les plus graves d'hérésie formelle et ne dépassa guère 1 à 2 % sur l'ensemble des délits : proportion très proche de ce que nous avons découvert au Moyen Age. Le but n'était pas de tuer, mais de convertir et de se faire craindre. Nous verrons que, pour cela, il n'était pas toujours nécessaire d'avoir recours au bourreau.

Le tribunal disposait d'ailleurs de tout un jeu de peines dont la mort n'était que l'un des éléments. On la réservait aux « relaps », à ceux qui, réconciliés, retombaient dans l'hérésie qu'ils avaient abjurée ; aux accusés dont la culpabilité était surabondamment démontrée (voir plus bas) et qui refusaient d'avouer les faits ; à ceux qui les reconnaissaient, mais soit niaient leur caractère hérétique, en dépit de l'avis des experts commis par le tribunal, soit, bien qu'avouant leur hérésie, refusaient de se rétracter. Encore faisait-on de ces principes une application souple : plus d'un fut gardé en prison le temps nécessaire pour lui faire entendre raison et maint relaps réconcilié.

La peine la plus courante était la réconciliation, sentence grave, qui impliquait la perte des biens et la mort en cas de récidive. Il suffisait pour qu'on l'applique que le prévenu avoue sa faute et promette de s'amender.

Si l'accusé niait, sans que les preuves rassemblées soient suffisantes en droit pour prouver sa culpabilité, tout en laissant peser sur lui de forts soupçons, il était relâché après abjuration

« de vehementi », d'une « véhémente suspicion d'hérésie » ; ce qui s'accompagnait généralement d'une amende, de flagellation ou d'une peine de galères. Condamner, même modérément, une personne dont la faute n'est pas démontrée, peut sembler paradoxal et ne correspond plus, en tout cas, aux habitudes actuelles. Mais ce n'était nullement une particularité de l'Inquisition : il s'agissait de l'application d'un principe général du droit d'Ancien Régime sur lequel nous reviendrons ; tous les tribunaux agissaient de même.

Si enfin l'accusé, par ses défenses, montrait l'inanité des indices rassemblés contre lui, il était relâché sans châtiment. Ce n'était pas là une clause de style : pour nous en tenir aux délits les plus sérieux et au XVIIe siècle, période où nous sommes le mieux renseignés, c'est le sort que connurent entre le quart et le tiers des inculpés qui comparurent devant l'Inquisition de Tolède. Il est donc faux de prétendre qu'ils étaient livrés sans défense à leurs juges. La torture même, la question, plutôt, appliquée selon des règles précises et qui n'avait rien de commun avec la torture policière sauvage utilisée de nos jours, laissait à la victime de bonnes chances : deux sur trois, à Tolède toujours, y résistèrent. Ce qui signifiait soit l'acquittement, soit, au maximum, l'abjuration « de vehementi ».

Une série de dispositions, enfin, *effectivement appliquées*, étaient prévues pour les « hérétiques » qui se présentaient spontanément au tribunal pour avouer leur faute et se convertir.

Tout ceci ne s'appliquait, bien entendu, qu'en cas d'hérésie formelle. Les « petits délinquants », blasphémateurs et autres ignorants ne risquaient, au spirituel, qu'une abjuration « de levi » (« d'une légère suspicion d'hérésie »), souvent moins, accompagnée d'une amende modique. Lorsque l'Inquisition jugeait par délégation de la justice séculière — bigamie en Castille, homosexualité dans la Couronne d'Aragon — ou de la justice ecclésiastique — sollicitation en confession —, elle appliquait les peines prévues par la législation correspondante.

Nous avons déjà fait allusion au système de preuves sur lequel reposait l'administration de la justice dans toute l'Europe occidentale. L'Inquisition l'appliquait à la lettre. Pour condamner à la « peine de droit » prévue par la loi — en cas d'hérésie, la mort —, il fallait l'équivalent de deux témoins concordants et parfaits, c'est-à-dire dignes de toute confiance et déposant du même fait, vu en un même lieu et au même moment. La doctrine définissait à ce propos une série de conditions précises qui réduisaient considérablement la marge d'appréciation des juges. Des témoins « singuliers » (non concordants) comptaient peu. Des témoins imparfaits — et tous, dans la pratique, l'étaient à des degrés divers —, comptaient comme fractions de témoins et s'additionnaient jusqu'à arriver au chiffre fatidique. L'aveu de l'accusé valait un témoin ; ses dénégations sous la torture *ôtaient* un témoin.

Si, à la fin du procès, la somme des preuves étaient inférieure à un témoin, la libération sans châtiment était obligatoire ; si elle était supérieure à deux, l'application de la peine de droit était possible, mais le juge gardait la possibilité de la réduire ; entre un et deux, il ordonnait une « peine arbitraire » de son choix, nécessairement inférieure à la peine de droit. Un procès, enfin, ne pouvait commencer que si *d'avance* le juge disposait de plus d'un témoin, de sorte que l'aveu seul du prévenu suffise à prouver entièrement la faute.

C'étaient là les garanties fondamentales dont jouissaient nos ancêtres. Pour être différentes des nôtres, elles n'en étaient pas moins réelles. Bien entendu, elles ne valaient que par l'application qui en était faite. Or, après examen de plusieurs centaines de causes de l'Inquisition de Tolède, je n'hésite pas à affirmer que celle-ci était stricte. Voilà qui explique les pourcentages d'acquittement que nous avons signalés et, plus encore, le fait que plus de neuf dénonciations sur dix ne donnaient pas lieu à poursuite.

Ce n'est donc pas sa sauvagerie, ni le caractère expéditif de sa justice qui firent craindre le Saint-Office. Pour expliquer la peur qu'il suscitait, on peut évoquer les procès contre les hérétiques défunts, qui, par le risque de confiscation qu'ils comportaient, faisaient peser comme une épée de Damoclès sur la tête des héritiers ; mais ils furent relativement rares en Espagne, passées les premières années. Il faut insister surtout sur les caractères qui, au-delà des apparences, distinguaient la cause d'Inquisition d'une affaire normale.

L'Office, tout d'abord, ne se laissait pas manipuler. C'était là quelque chose de révolutionnaire, de tout à fait surprenant pour un esprit du XVIe siècle. Devant la justice séculière, même criminelle, dans la plupart des cas, le retrait de la plainte par la victime — qu'on pouvait négocier en sous-main contre un honnête dédommagement —, une mise à l'écart temporaire du coupable ou l'intervention d'arbitres choisis permettaient de régler sans drame les conflits, entre gens de connaissance, avec des résultats qui, aujourd'hui, ne laissent pas de surprendre : les tribunaux se désintéressaient purement et simplement de l'affaire. Face à l'Inquisition, rien de tel : elle ignore les accommodements ; elle ne fait pas, en principe, acception de personnes ; elle ne tient pas compte des arguties, des appels et manœuvres retorses qui donnent d'habitude au justiciable la possibilité de ralentir ou d'accélérer à son gré le déroulement de l'affaire. Rien ne peut arrêter la marche du procès. Le prévenu a l'impression de se trouver face à un monstre froid, dont le fonctionnement lui échappe et qui l'enferme dans des possibilités de défense réelles, mais strictement limitées. Il se sent désarmé, livré à une institution dont il ne comprend pas les rouages, privé d'une liberté d'action qui, aujourd'hui, nous paraît abusive, mais qui constituait à ses yeux un droit essentiel. Le secret qui entoure officiellement le nom des témoins en est le symbole : c'est sur lui que, dès le XVe siècle, se polarisèrent les critiques.

Il y a pire. L'Inquisition est aussi un monstre ravageur. Par bien des aspects, la cause de foi en matière d'hérésie formelle, celle que les juges ne règlent qu'en prenant leur temps, celle où ils essayent de sonder vraiment l'âme de l'accusé, ressemble à ce que les psychologues appellent un « lavage de cerveau ». Le phénomène a été étudié sur des exemples contemporains. Ses rythmes et ses effets sont bien connus.

Dans une première phase, la victime est isolée, coupée de l'extérieur, au sein d'un environnement totalement contrôlé par des juges qui le manipulent en fonction de leurs besoins : pas vraiment de mauvais traitements physiques, mais un manque absolu de chaleur humaine, une froideur glaciale, l'absence totale de marques de sympathie et, surtout, aucun contact avec l'extérieur ; il faut obliger « l'accusé » — car, très souvent, l'opération prend la forme d'un procès — à un tête-à-tête exclusif avec le manipulateur. Sans arrêt des interrogatoires, pour faire avouer au « coupable » une faute imprécise mais très grave, qu'on ne lui révèle pas, mais qu'on lui laisse découvrir seul au fil des audiences. L'absence d'aveu, assimilée à un endurcissement criminel, le mènera à la mort. S'il collabore, par contre, on lui promet le pardon et la réhabilitation. En attendant, il n'est rien, surtout pas un homme, car sa faute l'a déchu de tout statut humain : on le lui fait sentir.

La combinaison de ces éléments amène inévitablement, au bout d'un certain temps, l'effondrement du patient : il n'y a pas d'exemple de résistance prolongée au-delà de quelques mois. A ce moment, la victime n'a plus d'existence propre, à ses yeux mêmes, plus de volonté ni de secrets pour son juge : elle avoue tout, même ce que pour rien au monde elle n'aurait voulu dire, pour mendier une marque d'estime, un relâchement de la pression qui s'exerce sur elle.

Tel est le traitement que les inquisiteurs ont fait subir à beaucoup de leurs prisonniers. Il les ont forcés ainsi à leur dénoncer de manière irrémédiable des êtres chers. Hinestrosa, au cours de son second procès surtout, livra toute sa famille, tous ses amis à la ruine et au déshonneur en les désignant comme ses complices. Il ne fut pas le seul. Soixante-et-un morisques de Daimiel subirent le même sort, et tous parlèrent, sauf un peut-être, qu'on exécuta. Et chacun savait que la dénonciation qui l'avait envoyé en prison, qui lui avait coûté la confiscation intégrale de ses biens, était le fait d'un membre de sa famille, d'un compagnon, d'un frère de religion : c'est grâce à de tels aveux, et non par les informations superficielles que lui livraient des témoins extérieurs, que l'Office réussit à pénétrer la communauté.

On imagine l'atmosphère qui y régnait lorsque, vers 1550, le tribunal cessa de s'intéresser à elle et que les détenus de la prison de la pénitence eurent regagné le village. La chaude complicité qui faisait du groupe un refuge contre l'hostilité d'un monde qui méprisait les nouveaux-chrétiens s'était changée en rancœur et en méfiance. L'islam, à Daimiel, était condamné. L'Inquisition avait tué à la fois une culture, une société, et l'image que des dizaines de personnes avaient d'elles-mêmes, de la manière la plus horrible : en les obligeant à trahir.

VI

Au service de l'Eglise et du roi

a) La répression des cultures minoritaires.

L'Office savait donc être efficace. Essayons d'évaluer ses effets. Nous pouvons avancer quelques chiffres, avec prudence : dans toute l'Espagne, deux cent mille personnes au total ont dû passer devant lui, le tiers avant 1530 ; dix mille exécutions, au maximum, les quatre cinquièmes au cours des trente premières années ; un procès pour cinq mille Espagnols, chaque année, à la fin du XVe et au début du XVIe siècle, un pour vingt mille ensuite, un pour cent mille au XVIIIe. C'est peu.

Ces chiffres globaux n'ont pas grand sens, car deux catégories surtout, spécialement surveillées, ont été touchées : *conversos* et morisques. Ponctuellement, le poids de la répression fut terrible : à Daimiel, pour quatre cents morisques, soixante-et-un procès au moins entre 1538 et 1550, une personne sur sept, un adulte sur cinq. Avec des effets radicaux. Non seulement les inquisiteurs ont détruit les bases psychologiques de leur unité, mais ils les ont aussi privés de leurs chefs : Hinestrosa mourut à Tolède, en résidence surveillée ; les autres, ruinés par les confiscations, trop longtemps absents, tenus pour responsables de tous les malheurs, ont vu s'effriter les bases de leur autorité ; l'administration autonome qu'ils avaient clandestinement maintenue, tant bien que mal, depuis la conversion s'était effondrée. L'esprit de résistance, surtout, s'était brisé.

Jusqu'en 1540, les morisques avaient espéré dévier le coup : ils avaient multiplié les démarches, envoyé Hinestrosa en ambassade auprès de l'Inquisiteur Général pour lui arracher la promesse d'arrêter les poursuites, négocié sans trêve avec le roi, avec le duc de Pastrana, avec la Cour, promettant contributions et subsides, exerçant toutes les pressions... Ils n'arrivaient pas à concevoir que l'on voulût effectivement la disparition de l'islam, que la longue tolérance de fait dont les chrétiens faisaient preuve à leur égard depuis des siècles touchât à son terme, ni qu'il leur fallût renoncer pour toujours à l'espoir d'une revanche qu'alimentaient les victoires turques en Méditerranée.

Après le cataclysme les choses étaient claires : aucun espoir de secours et une alternative crûment posée : l'anéantissement physique ou l'abandon d'une culture. Le choix fut vite fait : ils achevèrent une assimilation déjà largement entamée. L'on vit apparaître le porc sur leur table ; ils se rendirent plus régulièrement à l'église et cessèrent de se livrer, pendant la messe, aux simagrées par lesquelles ils tournaient en dérision les rites catholiques. Des vocations de soldats et de moines s'éveillèrent parmi eux ; ils abandonnèrent leurs pratiques funéraires, creusant leurs tombes plus profond et cessant de parer leurs morts comme pour un mariage. En 1609, lorsque Philippe III expulsa leurs congénères d'Espagne, ils refusèrent de partir. On les conduisit de force à la frontière française. Ils revinrent. On finit par leur permettre de rester et ils se fondirent dans la masse.

L'Inquisition avait joué dans leur assimilation un rôle capital, quoique limité : son action, intervenant après une longue période de vie commune avec les vieux-chrétiens qui les avait amenés au bord du ralliement, les fit basculer définitivement du côté de la majorité. L'évolution se serait produite de toute façon. Mais la présence du tribunal l'a accélérée.

Il est probable qu'elle eut un effet semblable sur les *conversos* qui paraissent avoir massivement et consciemment choisi la voie de l'assimilation à la fin du XVe siècle, lorsqu'ils se trouvèrent face à la même alternative. Ici aussi, l'élimination par le feu, par l'exil ou la ruine des éléments les plus enracinés dans la culture juive dut avoir une grande importance ; ainsi que la conscience, brutalement imposée, d'un mouvement irréversible.

Pour que le travail de l'Office fût efficace, cependant, deux conditions devaient être remplies. La première, que le groupe visé ait préalablement été soumis à une forte pression assimilatrice de la part de la société englobante : les judéo-convers qui ont choisi de se fondre dans la masse vieille-chrétienne avaient été baptisés, pour la plupart, deux ou trois générations avant la fondation du tribunal — il n'y avait pratiquement plus de juifs à Tolède au début du XVe siècle — et nous avons vu qu'avant même le début de la campagne inquisitoriale à Daimiel, les morisques de l'endroit avaient adopté maintes coutumes, maints usages propres aux chrétiens. Bien des familles que les archives ne mentionnent qu'épisodiquement sont presque certainement arrivées au terme de l'évolution sans intervention directe du tribunal.

La seconde condition porte sur la taille de la communauté attaquée et sur les facilités d'accès qu'elle offre. A Daimiel, quatre cents morisques vivaient isolés parmi trois mille vieux-chrétiens : le tribunal a réussi à pénétrer leur communauté. Non sans mal : il a fallu un an d'enquête sur place pour briser le mur de silence qu'ils avaient dressé. A Valence, en Aragon, à Grenade, des dizaines, des centaines de milliers de nouveaux-chrétiens peuplaient exclusivement des régions entières ; ils étaient protégés par des seigneurs puissants, avec qui même le roi composait et qui n'avaient nulle envie que ses juges viennent troubler le tête-à-tête qu'ils entretenaient avec la minorité. Dans ces villages, ni les commissaires, ni les officiers du Saint-Office, ni ses argousins ne pénétraient. Ils le tentèrent parfois en montant des expéditions de plusieurs dizaines d'hommes, quitte à se faire recevoir — c'est arrivé — à coups de pierres et d'escopette. Force ne restera pas toujours à la loi dans ces affrontements. D'ailleurs, il ne pouvait s'agir que d'actions ponctuelles : il n'était pas question de prendre d'assaut des centaines d'agglomérations...

Même remarque en ce qui concerne le protestantisme. Le succès fut éclatant. Succès de l'opération policière : les groupes « luthériens » espagnols furent anéantis physiquement, emprisonnés, exilés ou exécutés jusqu'au dernier. Dans un premier temps, les protestants étrangers furent réduits pour survivre à une clandestinité absolue et n'eurent aucune influence décelable sur la population autochtone. A partir de 1590, date large, leur présence fut officiellement tolérée, mais à la condition expresse de ne pas faire de prosélytisme.

Prosélytisme qui se serait à coup sûr révélé inefficace. Car ce qui frappe, dans cette affaire, c'est l'adhésion que l'entreprise inquisitoriale recueille dans l'opinion. Les cas de collaboration spontanée sont nombreux : c'est la foule qui, à Tolède, se lance à la poursuite d'un ouvrier français qui avait eu la mauvaise inspiration de déclarer, à la taverne, que la France était meilleur pays que l'Espagne, en dépit de la présence des « luthériens » ; c'est l'alcalde (le maire) d'une petite ville de la Manche qui accepte, en pleine nuit, de fouiller plusieurs maisons à la recherche des « luthériens » que vient lui dénoncer un hurluberlu qu'il ne connaît pas, mais qui se présente comme familier du Saint Office... Les choses sont un peu plus compliquées que dans le cas des morisques ou des judaïsants. En ce qui les concerne, l'hostilité de la population vieille-chrétienne était acquise d'avance : l'Office n'a eu qu'à s'en servir. A l'égard des protestants, dont la masse des Espagnols ignorait pratiquement tout vers 1550 encore, on dut créer un mouvement d'opinion.

Avec succès, nous l'avons vu. Dans quelle mesure le mérite en revient-il à l'Inquisition ? Elle a organisé des événements sensationnels : l'autodafé de Séville, ceux de Valladolid, tenus en 1559, en présence des plus hautes autorités du pays, où comparurent en grand nombre des moines, des intellectuels, des prédicateurs fameux, des nobles de familles connues, auxquels assistèrent des dizaines de milliers de personnes venues de toute l'Espagne et dont des « relations » manuscrites circulèrent immédiatement, alimentèrent sur le champ commentaires et discussions, jusque dans les milieux les plus modestes, à des centaines de kilomètres de là. Nous en avons la preuve.

Tout cela suffisait à créer un choc. Ce n'était sans doute pas assez pour susciter le mouvement d'une ampleur et d'une profondeur exceptionnelle auquel nous avons affaire. La propagande inquisitoriale fut relayée par l'Eglise entière, par les confesseurs, les prédicateurs, par le clergé dans les multiples occasions de dialogue que la vie quotidienne lui fournissait. Action en profondeur qui, à l'inverse, aurait perdu de son mordant si elle n'avait trouvé les consciences mises en éveil par l'Office. L'Inquisition n'a jamais agi seule. Il n'est plus grande erreur que de l'oublier.

b) Les vieux-chrétiens.

1) La fermeture intellectuelle du pays. Ouverte jusqu'au milieu du XVIe siècle à tous les courants de la pensée européenne, l'Espagne s'en isola progressivement par la suite et refusa, au XVIIe, les idées neuves, la pensée scientifique, la nouvelle philosophie qui germaient alors hors de ses frontières et dont est sorti le monde moderne. On n'a pas manqué d'en rejeter la faute sur l'Inquisition. Il faut nuancer, je crois.

Il est vrai que depuis 1550 au moins, elle pouvait interdire la diffusion des ouvrages qui lui déplaisaient. Toute œuvre circulant dans le pays pouvait lui être dénoncée. Des « qualificateurs » l'examinaient alors et soumettaient un rapport à la *Suprema*. qui, seule, décidait des mesures à prendre. Celles-ci allaient de l'interdiction totale à l'autorisation de circuler pure et simple, en passant par la correction partielle, le barbouillage à l'encre noire des passages litigieux sur les exemplaires imprimés. Les sentences étaient diffusées au moyen d'« édits », lus en chaire et affichés aux portes des églises. Périodiquement, des catalogues, connus sous le nom d'« Index », faisaient le point des interdictions (1551,1559,1583, 1632,1667, 1707,1747).

Dans les ports, aux postes frontières, les commissaires du tribunal devaient inspecter les bagages des voyageurs et les ballots des marchands pour saisir et corriger les ouvrages censurés. Ils organisaient de temps en temps des descentes chez les libraires pour vérifier qu'ils respectaient les prescriptions de l'Index.

Le tribunal étendait son contrôle aux personnes. De nombreux professeurs, des chercheurs parmi le plus grands et les plus audacieux eurent maille à partir avec lui : fray Luis de León, Martin de Cantalapiedra, le Père Mariana, fray Miguel de Medina, le Père Sigüenza, connurent ses geôles. Ils avaient été dénoncés par des collègues jaloux, sans véritable motif, même à la lumière de l'orthodoxie tatillonne du tribunal. Les juges le reconnurent presque toujours et proclamèrent l'innocence de la plupart d'entre eux. Il n'en reste pas moins qu'ils passèrent plusieurs années en prison et que certains y moururent : l'audace, même à l'intérieur des limites que marquait l'Eglise, pouvait coûter cher.

Malgré tout, que de failles dans le dispositif

inquisitorial ! La censure était toujours en retard sur les publications, au XVIIIe siècle ridiculement en retard : vingt, trente, quarante ans parfois, pour des livres presque ouvertement antichrétiens... Quant à l'inspection aux frontières, il était notoire que seuls s'y laissaient prendre les maladroits. Encore fallait-il qu'il y eût un marché pour les livres interdits, pour une pensée capable de remettre en cause les théories officielles. Il ne semble pas que ç'ait été le cas.

Car l'Inquisition n'était pas seule à ériger des barrières. Je ne crois pas même qu'elle ait été le principal agent en ce domaine. Tout conspirait pour enfermer l'Espagnol, dès le départ, dans un monde où n'avaient place ni les nouveautés, ni le désir de les rechercher. L'Office censurait, *a posteriori* ; le Conseil de Castille lui, autrement dit le roi, exerçait la censure préalable : il était interdit de rien publier sans son consentement. L'Office emprisonnait des enseignants ; mais les universités, les supérieurs d'ordres religieux qui désignaient en fait les candidats aux chaires de théologie et de philosophie, éliminaient d'emblée ceux dont on pouvait attendre de la liberté d'esprit : ce sont eux, plus que l'Inquisition, qui portent la responsabilité de l'engourdissement de la pensée orthodoxe ; ce sont eux, les prédicateurs qu'ils choisirent, les auteurs qu'ils autorisèrent à publier, dans un monde où les ecclésiastiques étaient nombreux parmi les gens de plume, et les professeurs qu'ils sélectionnèrent pour leurs collèges, qui portent la responsabilité du manque de curiosité intellectuelle des élites espagnoles, de l'intolérance populaire à l'égard des « nouveautés ». A tout cela, l'Inquisition a contribué, comme instance ultime de la répression et par le climat qu'elle entretenait. Mais sa responsabilité est partagée. Très partagée.

2) La propagande tridentine. L'Office s'employa à faire passer dans les faits le message du concile de Trente. En ce qui concerne la surveillance du clergé, il ne se substitua pas aux évêques, qui assurèrent un énorme travail d'épuration et d'éducation. Il les relaya seulement dans des domaines précis, pour régler des affaires délicates, d'une exceptionnelle gravité. On imagine mal, par exemple, une jeune fille dénonçant son confesseur pour des attouchements indiscrets : la honte ressentie, la peur du scandale y font obstacle. Il faudrait lui garantir le secret : l'Office seul est en mesure de le faire. Il faudrait la convaincre que sa déposition est capitale, que le manquement qu'elle va permettre de punir est des plus sérieux au regard de Dieu, qu'en le taisant elle risque son propre salut. Comment le croirait-elle si on l'adresse à un quelconque « visiteur épiscopal » qui, à longueur d'année, se livre à des occupations aussi triviales que l'examen des comptes des marguilliers ou le décompte des dîmes ? Que l'Inquisition demande son concours modifiera son point de vue : les inquisiteurs sont juges de l'hérésie, juges, à ses yeux, du pire des crimes que l'on puisse commettre : le simple fait qu'ils s'occupent d'une affaire prouve sa gravité. Mettons-nous enfin à la place du juge épiscopal qui devrait traiter un tel dossier. Il devrait sanctionner un collègue, au risque de mécontenter ses amis. Il sait combien la chair est faible, combien la tentation peut être grande. Quel embarras ! Ne fermera-t-il pas les yeux, plutôt que de s'attirer des ennuis, et de briser une vie pour un moment d'égarement ? L'inquisiteur est prêtre lui aussi, confesseur même : il a l'expérience de ces situations. Mais il n'appartient pas au clergé diocésain, il voit les choses de plus haut, il peut se dégager des mille contingences qui paralysent l'official. Ce n'est pas sans raison que la papauté délégua ces affaires, rares d'ailleurs, au Saint Office.

A l'égard des laïcs, celui-ci exerçait une fonction similaire, sous des formes différentes. Soit l'opinion que ce n'était pas un péché d'avoir des relations sexuelles avec une célibataire. N'imaginons pas l'Inquisition châtiant tous les coupables : tâche au-dessus de ses forces... C'est par centaines qu'il aurait fallu instruire les procès, vers 1560 ou 1570, et le tribunal ne pouvait matériellement en expédier que quelques dizaines par an ; c'est dans les campagnes qu'il aurait fallu agir; or nous savons aujourd'hui que son action débordait à peine des villes.

Représentons-nous maintenant un autodafé où, devant des milliers de personnes, entre un juif et un luthérien, comparaît un vieux-chrétien, comme eux revêtu du san-benito, de cette casaque jaune safran qui désignait les hérétiques. Imaginons un autre vieux-chrétien, dans la foule celui-ci. Il écoute la sentence que lit un notaire : « Pour avoir déclaré que la simple fornication n'était pas un péché... condamné à abjurer ses erreurs et à recevoir cent coups de fouet... » Lui non plus ne croyait pas pécher lorsqu'il rendait visite aux prostituées : du moment qu'il les payait... N'étaient-elles pas là pour ça ? Il avait bien entendu dire à son curé qu'il devait s'en confesser, mais il ne l'avait guère pris au sérieux : les prêtres, pensait-il, ont parfois des idées si bizarres... Si c'était mal, est-ce que la police tolérerait que ces femmes fassent publiquement commerce de leur corps ?

Imaginons sa surprise : un autre lui-même sur cet échafaud d'infamie, assimilé à ces hérétiques honnis ! Assimilé en apparence, du moins, car les juges, dans le secret du tribunal, ne le considèrent ni le traitent comme tel : son affaire a été réglée en quelques jours ; peut-être même ne l'a-t-on pas mis en prison ; jamais il n'a risqué la mort ni la confiscation des biens, et l'abjuration *de levi,* qu'on lui fait prononcer est une peine canonique légère, dont les effets ne sont en rien comparables à la « réconciliation » réservée aux hérétiques formels. Mais tout cela, le spectateur l'ignore. Seule compte pour lui cette comparution honteuse. Il part l'oreille basse. De retour dans son village il raconte, étonné, ce qu'il a vu. On le croit à moitié. Le dimanche suivant, au prône, le curé revient sur le sujet. On l'écoute maintenant d'autre manière. En une génération, la cause est entendue, le public convaincu.

Encore fallait-il obtenir que l'on dénonçât quelques coupables. Les difficultés furent énormes. J'ai pu montrer, dans le cas de Tolède, que rien n'est plus faux que l'image d'une société où l'Inquisition, toute puissante, se trouverait placée à la tête d'un réseau d'espionnage mutuel qui embrigaderait toute la population dans une entreprise générale de délation réciproque. On s'observait, certes, comme on le faisait alors partout, en dehors même de la présence inquisitoriale. Mais entre vieux-chrétiens, on ne livrait pas d'information à l'Office. Ou du moins de façon très restrictive et suivant les règles générales qu'imposait la morale commune à l'égard d'un quelconque tribunal. L'Inquisition prétendait faire exception, obtenir qu'on lui dît tout, dans tous les cas, au moindre doute. Elle a échoué face à une formidable résistance passive.

Mieux, le fait qu'elle persécute des vieux-chrétiens provoqua le scandale. Elle dut se défendre, se justifier, susciter la publication d'apologies. En fait, elle n'eut prise vraiment sur les chrétiens de souche que brièvement, de 1560 à 1620, en gros. Au-delà, il lui fallut renoncer. Les chenaux par lesquels elle communiquait avec eux se rétrécirent brutalement au XVIIe siècle : les « visites du district » devinrent plus rares ; les autodafés se firent plus intimes et s'enfermèrent dans les murs des églises, alors qu'avant ils se tenaient sur la place publique. Vers 1700, le réseau des commissaires lui-même était en pleine décomposition : le tribunal perdait les moyens de s'adresser au peuple, de l'écouter : les fidèles connaissaient son existence et le craignaient, mais il n'avait plus pour eux qu'une existence abstraite.

D'ailleurs, cette action sur les vieux-chrétiens, l'Inquisition ne put l'exercer qu'en Castille. Dans les royaumes périphériques, quasi autonomes, d'Aragon, de Catalogne, de Valence, en Galice même, là où l'autorité du roi restait faible, elle semble bien avoir presque totalement échoué et s'être vu cantonner à des poursuites contre les morisques, les protestants ou des étrangers que tous rejetaient, sans avoir accès aux autochtones.

c) L'alliance du trône et de l'autel ?

L'Inquisition était un instrument de l'Etat, en Espagne ouvertement. En fut-elle l'outil efficace ? Les exemples d'intervention directe à son profit sont très rares : sauf dans les toutes dernières années de son existence, l'Office ne fut pas ici une police politique. Le cas le plus net est celui d'Antonio Pérez. C'était un secrétaire de Philippe II, un homme de confiance du roi. Il se brouilla avec le souverain, qui le jeta en prison. Il s'évada et se réfugia en Aragon, dans une région où de vieux privilèges interdisaient à la justice royale de se saisir de l'accusé. Une intervention de l'Office permit à Philippe de tourner la loi : il suscita contre Pérez une accusation d'hérésie. L'Inquisition l'arrêta. Une émeute le libéra. Il se réfugia en France, d'où il mena contre son maître une action dont nous reparlerons. Quant aux Aragonais, les troupes royales les ramenèrent à l'obéissance.

Quelques autres affaires ont des connotations du même ordre : l'arrestation de Carranza, par exemple, qui permit au roi de piller les biens de la mitre ; le procès contre le Père Mariana, à qui l'on reprochait son *Traité sur les mutations monétaires*, très critique à l'égard de la politique espagnole ; la persécution des judaïsants portugais, au milieu du XVIIe siècle, déclenchée à la suite d'une spoliation massive des créanciers de l'Etat, qui dut avoir pour effet de calmer les protestations des plus importants d'entre eux.

Il est aussi des correspondances plus subtiles. En un certain sens, la Contre-Réforme cherchait à briser l'autonomie des communautés religieuses locales. La monarchie ne pouvait qu'approuver : elle menait, sur un autre plan, le même combat. On ne peut qu'être frappé de certains traits, qui donnent à l'Inquisition un caractère singulièrement moderne. Lorsque les lettres de commission d'un inquisiteur déclarent : « Nous vous donnons pouvoir et faculté... pour enquêter contre toute personne, quelle qu'elle soit, homme comme femme, vivante ou défunte, absente ou présente, de quelque état, condition, prérogative et dignité que ce soit, exempte ou non exempte, résidant ou ayant résidé dans le district de... », elles s'inscrivent dans une logique qui n'est pas celle de l'Ancien Régime ; elles nient expressément la somme de privilèges et de droits particuliers qui définissent alors la place d'un individu dans la société. Par contre, elles sont cohérentes avant la lettre avec le principe révolutionnaire de l'égalité de tous devant la loi et de la territorialité comme seul critère de distinction administrative. Par certains côtés, son intolérance par exemple, l'Inquisition paraît s'éloigner de nous — en sommes-nous parfaitement sûrs ?— ; par d'autres, elle est en avance sur son temps, porteuse d'avenir. Au fond, nous nous y reconnaissons.

Ceci dit, l'Office ne fut pas toujours un instrument docile entre les mains du pouvoir. Au XVIIIe siècle, il s'opposa vivement à la politique « régaliste », qui prétendait placer l'Eglise entre les mains du roi : il persécuta des personnes dont le seul tort était de la défendre, Melchor de Macanaz, ou Pablo de Olavide. Il s'y brisa, d'ailleurs.

VII

Pamphlétaires, historiens et romanciers L'image de l'Inquisition

A la fin du Siècle des Lumières, les tribunaux d'Inquisition disparaissent dans presque tous les pays d'Europe. Leur histoire, pourtant, se prolonge. D'abord parce que la Congrégation Romaine, nous y reviendrons, survit jusqu'à nos jours. Ensuite, parce qu'on n'a jamais autant parlé de l'Office que depuis son abolition, comme objet d'études scientifiques, mais aussi en le prenant pour thème littéraire ou polémique dans des ouvrages destinés à un vaste public. Il serait d'autant plus inopportun de le taire, qu'à travers cette tradition s'est créée l'image que presque tout le monde s'en fait aujourd'hui.

a) Les archives de l'Inquisition moderne.

Les inquisiteurs écrivirent beaucoup. L'histoire des tribulations de leurs archives après la suppression du tribunal ne présente pas seulement un intérêt technique — déterminer ce qu'il est possible à la science de connaître et ce qu'elle ignorera toujours : elle illustre le mélange d'attraction et de répulsion que suscita l'institution.

Les archives de l'Inquision de Sicile furent brûlées par ordre royal dès le XVIIIe siècle : ironique retour des choses. Celles de l'Inquisition de Navarre furent détruites par les armées de Napoléon, qui pillèrent le siège de l'Office : une source de l'époque nous montre les commerçants de Logroño enveloppant leur marchandise dans les papiers qui en provenaient.

Les émeutes qui accompagnèrent en Espagne la révolution libérale de 1820, souvent dirigées contre le saint tribunal, ont anéanti bien d'autres fonds ; ainsi périrent les archives des succursales des Baléares et de Barcelone : on pouvait ramasser dans cette dernière ville des brassées entières de documents abandonnés dans la rue.

Le décret qui, une douzaine d'années plus tard, portait abolition définitive de la cour, prévoyait que ses archives seraient entreposées dans des dépôts d'Etat. Il fut inégalement appliqué. Seuls les fonds de Tolède et de Valence furent ainsi sauvés ; encore l'histoire veut-elle qu'il fallut racheter ces derniers à un artificier qui les utilisait pour fabriquer l'enveloppe de ses fusées. Les documents de Cuenca furent déposés à l'archevêché, où ils sont encore. Ceux des Canaries furent rachetés par un Anglais, puis récupérés, au XXe siècle, par le *Museo Canario* de Las Palmas. Nous ignorons presque tout de ce qui s'est passé ailleurs : destruction, sans doute, quoique périodiquement la rumeur coure de prochaines découvertes sensationnelles.

En Amérique, les papiers de deux des trois tribunaux ont disparu au cours des guerres d'indépendance qui déchirèrent le continent au début du XIXe siècle. Mais ceux de Mexico, conservés aux Archives de la Nation — dans une ancienne prison : ils y sont en sécurité et l'édifice a la réputation d'être sain — nous sont parvenus presque intacts et constituent une source fondamentale pour l'histoire du pays.

Le Portugal a mieux franchi cette passe difficile : l'essentiel de la documentation semble préservé ; des kilomètres de rayonnage attendent le chercheur au centre de Lisbonne, à la Torre do Tombo, dans l'édifice qui abrite la Chambre des Députés.

On ne peut en dire autant de l'Italie. En ce qui concerne les archives des tribunaux locaux, la dispersion est grande et de nombreuses petites villes abritent des fonds partiels dans leurs archives diocésaines ou publiques : on en découvre encore. Quant aux papiers de la Congrégation romaine, ils ont terriblement soufferts. Par deux fois, ils ont été saccagés par la foule, au cours d'émeutes : au milieu du XVIe et au milieu du XIXe siècle. En outre, Napoléon avait décidé leur transport... à Paris, dont il rêvait de faire la capitale scientifique de l'Europe. La traversée des Alpes, en plein hiver, fut pénible : plusieurs caisses tombèrent des chariots et disparurent dans les torrents de montagne. En 1815, on organisa leur restitution. Le Saint Siège manquait d'argent. Il sélectionna donc ce qui semblait le plus important et il vendit le reste pour payer le déménagement. Une partie de la documentation tomba aux mains de Sir Georges Montagu, sixième duc de Manchester, pour aboutir finalement au Trinity College de Dublin. A Paris, des maîtres-chanteurs se procurèrent des documents compromettants, qu'on leur racheta à prix d'or. Le reste retrouva les étagères du Vatican... où l'administration pontificale le garde au secret, pour le désespoir des savants, qui n'y ont pas accès.

b) Historiographie et littérature.

Dès le XVIIIe siècle, l'Inquisition était devenue un symbole plus qu'un instrument efficace de répression. Sur ce plan, l'abolition du tribunal ne marqua pas une fin, mais le début d'une nouvelle fortune. Par ailleurs, il est surprenant de constater combien l'intérêt s'est concentré sur deux points : l'Inquisition médiévale du sud de la France et l'Inquisition espagnole ; l'Inquisition espagnole surtout, qui finit par représenter, seule, l'institution tout entière et par symboliser, à l'inverse, le pays qui l'a vue naître.

Tout commença au XVIe siècle, par les écrits des Hollandais soulevés contre Philippe II. Ils cherchaient à constituer autour d'eux une alliance des puissances protestantes. La propagande étaient une de leurs armes principales. Ils inondèrent l'Europe de tracts et de livres qui, tous, parlaient de la cruauté de ce tribunal que le roi et le pape avaient imposé à des sujets fidèles, les poussant à la révolte. Ils reçurent le renfort d'exilés espagnols, comme Reginaldo Montes, pseudonyme sans doute d'un « luthérien » qui s'était enfui de Séville lors de la grande persécution de 1558, ou Antonio Pérez, dont nous connaissons les démêlés avec le Saint-Office. C'est aux inquisitions de Flandres et d'Espagne que l'on s'en prit surtout.

En dehors de cette littérature de combat à caractère confessionnel, propre aux pays protestants, le sujet n'eut longtemps qu'une fortune limitée : il était difficile dans les contrées catholiques de critiquer une institution d'Eglise. Il fallut attendre le XVIIIe siècle pour que le thème acquière une résonnance universelle, grâce aux Philosophes. Pour Voltaire et ses amis, l'Inquisition résumait tout ce qu'ils combattaient : le fanatisme, l'intolérance, le contrôle des esprits par le clergé... C'était aussi une ennemie personnelle, qui interdisait leurs écrits et poursuivait leurs partisans.

L'Espagne n'était plus en première ligne. Elle avait perdu l'hégémonie mondiale qui lui avait valu tant d'inimitiés deux siècles auparavant et son Inquisition était en sommeil. Aussi est-ce à Lisbonne que se déroula l'autodafé où l'on fessa Candide et où Pangloss fut pendu pour empêcher la terre de trembler. Le mot même d'autodafé, qui est passé dans la langue française pour désigner une cérémonie inquisitoriale publique, vient du portugais et non du castillan.

La situation changea au début du XIXe siècle. D'abord grâce à Antonio Llorente. Cet ancien secrétaire de l'Inquisition de Madrid n'était pas ce que nous appelons aujourd'hui un libéral, mais l'Inquisition telle qu'il la connaissait ne lui plaisait guère : il la trouvait trop indépendante du roi et y voyait l'instrument d'une ingérence intolérable du centralisme romain dans l'autonomie des églises locales. Passé au service des Français lorsque Napoléon envahit l'Espagne, car il était convaincu qu'ils allaient faire triompher ses idées et rendre au pays son rang, il eut, le premier, un large accès aux archives, jusque-là secrètes, du tribunal. Aussi, exilé en France à la chute de l'Empire, put-il y publier une *Histoire de l'Inquisition espagnole* (1818) qui présente de gros défauts, mais qui reste le point de départ obligé de toute bibliographie scientifique.

Le succès fut immense : publiée en français, l'œuvre fut immédiatement traduite et adaptée dans les principales langues européennes, diffusée à des milliers d'exemplaires, imitée. Directement ou indirectement, elle servit de source à presque tout ce qui parut dans les quatre-vingts ans qui suivirent.

Et Dieu sait si l'on publia ! En Espagne d'abord. Jusqu'au début des années 1870, le pays fut en proie à une guerre civile endémique, qui opposait libéraux et conservateurs. Les premiers se servirent de l'histoire de l'Inquisition pour nourrir leur propagande : il la décrivirent comme l'instrument d'oppression utilisé par un clergé fanatique et intéressé pour maintenir dans l'obéissance et dans l'ignorance le peuple qu'ils exploitaient et chargeaient de taxes. Ils la dépeignirent omniprésente, omnisciente, aux mains des moines — qu'ils venaient justement d'expulser de leurs couvents en confisquant leurs terres —, s'imposant par la torture, obsédée par le désir de confisquer les biens des innocents. Toute une iconographie fleurit, illustrant des publications bon marché, qui représentait avec la plus grande fantaisie tours et chevalets, tenailles et brasiers, sur lesquels pantelaient d'émouvants corps nus, de préférence féminins, sans autres limites que l'imagination du dessinateur.

Un trucage scientifique ; mais une efficacité politique certaine. Un ethnologue contemporain a découvert que les paysans de Galice croient aujourd'hui encore que, sous l'Ancien Régime, chaque village était surveillé par une inquisition particulière : on lui a montré dans la région une quinzaine de bâtiments qui étaient censés leur avoir servi de siège. Il n'y en a qu'un d'authentique : celui de Santiago. Pouvoir de la propagande...

A l'extérieur, l'ancienne tradition protestante anti-catholique persistait et se teintait de nationalisme : l'Espagne obscurantiste, à moitié africaine, dominée par ses prêtres, n'était-elle pas le contre-exemple qui prouvait la supériorité de la religion réformée et de l'Europe anglo-saxonne, au moment où celle-ci repensait son histoire pour expliquer son formidable essor, alors que la révolution industrielle en faisait la maîtresse du monde ?

Ajoutons à cela que le libéralisme et l'anticléricalisme devenaient monnaie courante. C'était l'époque où, dans les pays catholiques, l'Etat rompait les liens qui l'amarraient à l'Eglise, où naissaient, non sans mal, des pouvoirs véritablement laïques. Le souvenir de l'Inquisition devint une machine de guerre : à la tribune de l'Assemblée Nationale française, lorsqu'on débattait en 1905 des lois qui instaurèrent la laïcité de l'Etat, les orateurs citaient les historiens du Saint Office.

Car les études allaient bon train, profitant des progrès considérables des techniques historiques. C'est alors que parut une série d'ouvrages qui posèrent les bases de ce que nous savons de l'Inquisition médiévale. C'est alors que l'Américain Henry Charles Lea publia son œuvre, sans quitter son pays. Riche éditeur de Philadelphie, jouissant d'appuis politiques notables, il put mobiliser en Europe une armée de scribes qui transcrivirent pour lui des documents dans différents dépôts d'archives. Protestant, il était obsédé par l'Eglise catholique : il est l'auteur, entre autres, des seules histoires générales dont nous disposions à ce jour sur la confession et le célibat ecclésiastique. Quatre-vingts ans après sa publication, son livre sur l'Inquisition espagnole reste la référence absolue.

Le thème débordait les milieux scientifiques et envahissait l'art. Les romantiques avaient mis l'Espagne à la mode et, avec elle, ce tribunal dont on pouvait tirer les effets les plus dramatiques ou les plus pittoresques. Après Schiller, Verdi en fit, non sans grandeur, le symbole de la raison d'Etat dévoyée dans son *Don Carlos*. Dostoïevski nous montre l'Inquisiteur Général prétendant réformer l'œuvre divine. Edgard Poe utilisa avec une force admirable le cadre d'une prison inquisitoriale pour créer le suspense dans son conte du *Puits et du Pendule*, où un accusé, soumis aux pires tortures psychologiques, est sauvé de justesse par l'entrée des troupes française à Saragosse.

Des écrivains secondaires exploitèrent largement le filon. Ainsi Villiers de l'Isle-Adam, dans « La torture par l'espérance », un des *Nouveaux contes cruels* : le juif Rabbi Aser Abarbanel, condamné au bûcher, croit pouvoir s'échapper la veille de son exécution, en profitant d'une négligence de ses gardiens ; à l'instant où il va réussir, « Pedro Arbuez d'Epila, troisième grand inquisiteur d'Espagne », qui avait tout machiné pour soumettre le condamné à une dernière torture, celle qui donne son titre à la pièce, se dresse devant lui... A un niveau moindre, des auteurs sur l'identité desquels leur pseudonyme jette un voile pudique, tombaient dans la pornographie pure : on nous décrit ainsi par le menu, gravures à l'appui, les sévices que la lubricité de Torquemada faisait subir à une jeune juive menacée de mort...

Tout cela n'a rien à voir avec la réalité historique : l'Inquisition est un prétexte et l'inquisiteur un archétype. Il est curieux de mesurer l'extension de cette manie : toute l'Europe, l'Amérique, une partie même de l'Afrique et de l'Asie sont touchées ; l'Inquisition devient l'un des symboles universellement admis où se reconnaît la culture occidentale. L'image de l'Espagne lui est irrémédiablement liée. Il est symptomatique qu'en 1985, un chef d'entreprise français, présentant au public de son pays l'Espagne contemporaine, celle qui entrait dans le Marché Commun, ait jugé nécessaire de consacrer quelques lignes au sujet pour indiquer, fort justement d'ailleurs, que ce n'était pas les Espagnols qui avaient inventé l'Office et que la mentalité inquisitoriale n'était plus de mise parmi eux.

Au milieu du XXe siècle, après cet épanouissement, le thème inquisitorial paraissait en sommeil : il était mal porté, il y a quelques années, d'en réveiller le spectre. Les études érudites continuaient, mais au ralenti. Des ouvrages de divulgation étaient publiés, ou réédités, mais en petit nombre.

Depuis 1970, on assiste à une renaissance, autour des *Cahiers de Fanjeaux*, dans le midi de la France, en premier lieu ; puis à propos de l'Inquisition espagnole, qui a subitement éveillé l'attention d'une pléiade de chercheurs de toutes nationalités, rapidement renforcés ou relayés par une brillante école de jeunes savants espagnols. Le mouvement gagne maintenant l'Italie et le Portugal. Les publications, les numéros spéciaux de revues se multiplient. Leur tirage, parfois surprenant, la place que les media accordent aux réunions de travail qu'organisent les chercheurs témoignent d'une attente. De nouveau, l'Inquisition est à la mode.

A cela, il y a bien des explications. Les catholiques s'interrogent sur ce que la plupart d'entre eux considèrent comme une tache dans l'histoire de leur Eglise. Les Espagnols, les Portugais cherchent à comprendre comment leur pays a pu produire ce qui leur paraît une monstruosité. Comme les Italiens, ils réfléchissent aussi, à son propos, aux relations qu'entretiennent ou qu'entretenaient il y a peu chez eux l'Eglise et l'Etat, qui ont profondément marqué des générations entières. Un peu partout on pose à travers elle, sous une forme historique, le problème bien actuel du totalitarisme, de la collusion de l'Etat et de l'idéologie. Les inquisiteurs considéraient que la fonction inquisitoriale était inscrite dans la nature des choses. Ils l'exprimaient en découvrant le premier procès inquisitorial dans le jugement que Dieu porta contre Adam et Eve lorsqu'il les chassa du paradis. La continuelle résurgence du thème paraît bien leur donner raison.

Epilogue

Le Saint-Office romain

L'Inquisition vit dans les consciences. En droit non plus elle n'est pas tout à fait morte. Au XIXe siècle, abolie partout ailleurs, elle fonctionnait toujours à Rome. Institutionnellement, il s'agissait encore du tribunal fondé en 1542, qui gardait juridiction sur l'ensemble de la chrétienté. Mais il n'était plus reconnu comme organe public par aucun Etat et ses décisions étaient sans effet hors de l'Eglise ; ses sentences se cantonnaient au domaine spirituel : excommunications (rares, d'ailleurs), interdictions, mal respectées, de lire certains livres... Elles provoqueront des drames de conscience, aboutiront à priver d'emploi quelques prêtres, sans autres conséquences dans la sphère profane. Changement radical : la laïcisation du pouvoir avait réduit l'Office à n'être plus que le conseil de discipline d'une institution dont la place et le poids diminuaient. Dans les faits, nous avons bien affaire à un organisme nouveau.

Il fut réorganisé en 1908. Abandonnant son nom d'« Inquisition romaine et universelle », il fut rebaptisé « Sacrée Congrégation du Saint

Office ». Il restait, protocolairement, le premier des « dicastères », des ministères qui administraient l'Eglise. Présidé par un cardinal, il comprenait, comme au XVIe siècle, des qualificateurs, des assesseurs, un procureur fiscal, des archivistes... Il jugeait encore selon les principes de secret et la procédure définis au Moyen Age.

Relevaient de lui l'hérésie formelle et toutes les tendances qui pouvaient menacer, au gré de la Curie, la pureté de la foi. Il s'occupait également, et cela constituait le gros de son activité, de jauger la valeur des apparitions — on sait qu'il y en a plusieurs dizaines par an —, d'appliquer certains points de droit matrimonial, de réprimer sorcellerie et superstition, de dresser la liste des livres dont la lecture était interdite aux catholiques, sauf circonstances graves, sous peine de péché. C'était là une nouveauté, car, jusqu'alors, ce soin avait été confié à un organisme distinct, la Congrégation de l'Index, que le Saint-Office absorba.

Il ne disposait plus de succursales spécifiques dans les différents pays : les administrations diocésaines ordinaires lui servaient de relais, lui transmettaient les causes et exécutaient ses décisions. La centralisation était parfaite, le personnel presque entièrement italien, presque entièrement romain. Au service de la Curie, l'Inquisition agira souvent contre le vœu des autorités ecclésiastiques locales et apparaîtra comme l'instrument, de plus en plus mal supporté, d'une mainmise romaine sur l'Eglise. La procédure, enfin, se déroulait entièrement par écrit. Il était rare qu'un accusé comparût personnellement.

La Sacrée Congrégation joua un rôle dans toutes les crises qui secouèrent l'Eglise aux XIXe et XXe siècles. Rôle difficile à cerner, à cause du secret dont elle s'entourait et parce qu'elle n'avait recours à des condamnations officielles qu'en dernier ressort : elle préférait, de loin, des mises en garde discrètes, avertissant tel individu de limiter la diffusion de ses idées, priant tel supérieur d'écarter un sujet des postes de responsabilité, obligeant tel professeur d'une université catholique à démissionner, de préférence par des pressions officieuses...

Elle s'engagea aux côtés du parti « conservateur ». Elle fut, par exemple, l'un des instruments de la condamnation du modernisme. Mouvement considérable que celui-ci, où les Français jouèrent un grand rôle. Il prit naissance à la fin du XIXe siècle chez des intellectuels catholiques, d'une double constatation : l'évidence, d'abord, qu'une interprétation littérale des Ecritures n'était plus possible, du fait des progrès de la science profane ; il fallait reprendre l'exégèse sur des bases nouvelles, « démythifier » les textes : la Révélation avait été transcrite par des hommes qui vivaient dans un monde entièrement différent du nôtre, exprimée sous des modes qui nous étaient devenus étrangers ; il fallait retrouver le message divin en le dépouillant de ce vêtement qui, autrefois, avait servi son intelligence, mais qui, aujourd'hui, le masquait ; il fallait le traduire en langage contemporain.

La deuxième interrogation reformulait la première sous l'aspect pastoral : le peuple chrétien avait changé, les limites du « croyable » s'étaient déplacées, certains « mystères » qui, un siècle auparavant, étaient acceptés sans difficultés parce qu'ils trouvaient dans l'esprit des fidèles des points d'ancrage, leur semblaient désormais puérils, inutilement absurdes. Il fallait que l'Eglise évolue, qu'elle se décide à parler le langage de son temps, qu'elle interroge ses dogmes pour en retrouver le sens profond, sans s'arrêter à des formulations qui avaient pu signifier quelque chose autrefois, mais qui étaient maintenant vides de sens.

Alfred Loisy, l'un des maîtres de cette école, déclarait — position extrême— que le seul article du Credo qu'il admettait à la lettre était la crucifixion de Jésus sous Ponce Pilate... Tous ne se montraient pas si audacieux. Mais tous inquiétaient les milieux traditionalistes qui dominaient la Curie, et qui, face aux défis du monde contemporain, avaient choisi de ne pas composer avec lui, d'affirmer hautement les différences qui donnaient à l'Eglise son identité et de construire le futur sur ce refus. Attitude qui s'est révélée suicidaire, mais qui exprimait un choix tactique en faveur duquel on pouvait avancer, à l'époque, de solides arguments.

Quoi qu'il en soit, le modernisme fut condamné par le Saint Office le 3 juillet 1907 (décret « Lamentabili »), condamnation que Pie X reprit aussitôt à son compte (encyclique « Pascendi »). Loisy refusa de se soumettre. Il fut excommunié, déclaré « vitandus », à éviter, la sanction la plus grave. Déjà expulsé en 1893 de l'Institut Catholique de Paris, où il enseignait l'exégèse biblique, il fut chassé du clergé. Accueilli comme professeur au Collège de France, il mourra en 1940, laissant derrière lui une importante œuvre philosophique. Ses proches furent éloignés de toute position d'influence, comme Monseigneur Battifol, que l'on força à démissionner de l'Institut Catholique de Toulouse. Presque tous restèrent dans l'Eglise, en dépit de terribles souffrances morales.

Dans les années 1950 encore, l'Office apporta sa contribution à l'échec de l'expérience des prêtres-ouvriers. Après la Seconde Guerre mondiale, les évêques français avaient autorisé des prêtres à vivre en ouvriers, au milieu des ouvriers, travaillant comme eux, pour exercer leur apostolat dans un milieu réfractaire à la pastorale traditionnelle. L'opération suscita d'emblée des réserves, en France comme à Rome. D'autant qu'à l'époque, les organisations ouvrières étaient dominées par un communisme pur et dur, beaucoup plus influent qu'il ne l'est aujourd'hui en France. Mal préparée, la tentative ne donna pas les résultats escomptés. Plusieurs prêtres, assumant jusqu'au bout leur nouvelle condition, virèrent au marxisme. On en prit prétexte pour tout arrêter. Certains, dont le Saint-Office, avaient traité l'affaire avec un manque évident de sympathie et ne semblaient que trop heureux du dénouement.

On comprend, dans ces conditions, que la Sacrée Congrégation ait été, au début des années soixante, la bête noire des progressistes qui voulaient renouveler l'Eglise de l'intérieur. Le sujet fut abordé au concile Vatican II. Le 8 novembre 1963, le cardinal Frings, de Cologne, très applaudi, répondant au cardinal Ottaviani qui avait affirmé qu'attaquer le Saint Office revenait à s'en prendre au pape, déclarait tout haut ce que beaucoup pensaient tout bas :

« La manière dont le Saint Office procède dans ses travaux n'est pas adaptée à notre temps, nuit à l'Eglise et est une occasion de scandale pour les non-catholiques... On doit exiger que, dans cet Office, personne ne puisse être accusé et condamné sans qu'il soit d'abord entendu, en même temps que son évêque, sans que l'accusé connaisse les accusations portées contre lui et sans qu'il ait d'abord eu l'occasion de corriger ce qu'il a dit ou écrit. »

Le 7 décembre 1965, le jour même de la clôture du Concile, le pape réformait l'institution dans ce sens. Elle devenait la « Congrégation pour la Doctrine de la foi », expression qui évoquait moins de souvenirs ; on lui donnait pour mission d'expliciter la doctrine, de la développer, plutôt que de bloquer les évolutions ; les affaires y seraient désormais jugées selon la procédure canonique normale, et non en vertu d'un droit d'exception ; le secret était assoupli, le personnel renouvelé et son recrutement élargi ; l'Index des livres interdits était supprimé et le droit de se défendre reconnu à tout accusé.

La Congrégation fait encore périodiquement parler d'elle. Ses interventions continuent à susciter de vives réactions dans certains milieux. On a craint, ou souhaité, qu'elle soit sous Jean-Paul II l'instrument d'une reprise en main centralisatrice de l'Eglise. Sous la direction du cardinal Ratzinger, elle examine en ce moment la « théologie de la libération », à travers les œuvres du franciscain Léonard Boff. Il y a peu, le théologien allemand Hans Küng eut affaire à elle.

Un organe régulateur, une institution destinée à définir les limites de la foi, à déclarer ce qui, pratiquement, peut être ou non couvert par l'Eglise en matière de doctrine est indispensable, comme dans toute organisation humaine. La question est de savoir s'il saura accueillir libéralement les aspirations de tous les chrétiens, ou s'il deviendra l'instrument d'un groupe, à quelque bord qu'il appartienne, l'outil d'une centralisation qui ne prendrait pas en compte le vécu, parfois très différent de ce que nous connaissons en Europe, de communautés répandues dans le monde entier.

Chronologie

Avertissement : Cette chronologie concerne autant le contexte dans lequel s'est déroulée l'histoire de l'Inquisition que cette histoire proprement dite, qui n'y est représentée que par ses dates essentielles. De nombreuses données chronologiques sont contenues dans le corps de l'ouvrage.

1075-1268 : Lutte du pape et de l'empereur pour le contrôle de l'Eglise.

1099 : Prise de Jérusalem par la première croisade.

Vers 1140 : Décret de Gratien. Codification du droit canon.

Vers 1150 : Constitution de l'Université de Paris.

1179 : Condamnation des doctrines vaudoises.

1206 : Saint François se retire du monde.

1209 : Début de la croisade dite des Albigeois : descente des barons du nord de la France contre les cathares du Midi. Conquête du Languedoc par les croisés. Défaite du comte de Toulouse et du roi d'Aragon (bataille de Muret) (1213).

1212 : Bataille de Las Navas de Tolosa. Ecrasement des musulmans d'Espagne par les chrétiens.

1217 : Fondation de l'ordre dominicain.

1229 : Traité de Paris. Annexion du Languedoc par le roi de France.

1231-1234 : Fondation de l'Inquisition. Nomination d'inquisiteurs en Allemagne, en France et en Italie.

1244 : Prise du château de Montségur. Ecrasement des cathares.

1245 : Assassinat de Pierre de Vérone, inquisiteur de Lombardie, plus tard canonisé sous le nom de saint Pierre Martyr.

1249-1255 : Crise de l'Inquisition médiévale. Abandon temporaire de l'Inquisition par les dominicains.

1266-1268 : Conquête de l'Italie par Charles d'Anjou. Ecrasement du parti gibelin.

1295-1303 : Conflit entre Philippe le Bel, roi de France, et le pape Boniface VIII.

1307 : Arrestation des Templiers en France.

1309-1417 : Résidence des papes à Avignon.

1376 : *Manuel des inquisiteurs*, de Nicolas Eymerich, recueil classique de législation et de pratique inquisitoriale.

1378-1417 : Grand Schisme. Deux, puis trois papes et antipapes se disputent le gouvernement de l'Eglise. Plusieurs conciles échouent dans leurs tentatives d'union.

1391 : Pogroms en Espagne. Début des conversions massives de juifs espagnols au christianisme. Développement du problème *converso*.

1415 : Exécution de Jean Hus. Début de la révolte hussite en Bohème.

Vers 1438 : « Invention » du sabbat des sorcières par les inquisiteurs.

1430-1431 : Détention de Jeanne d'Arc. Procès par l'inquisiteur de Paris et l'évêque de Beauvais.

1469 : Mariage des Rois Catholiques, Ferdinand, héritier de la Couronne d'Aragon, et Isabelle, héritière de la Couronne de Castille, point de départ de l'unité de l'Espagne.

1478 : Bulle « Exigit sincerae devotionis affectus ». Fondation de l'Inquisition espagnole.

1480 : Entrée des premiers inquisiteurs à Séville. Débuts effectifs de l'Inquisition espagnole.

1492 : Prise de Grenade ; achèvement de la reconquête de l'Espagne sur les musulmans. Découverte de l'Amérique. Expulsion des juifs d'Espagne.

1496 : Expulsion (en fait conversion) des juifs du Portugal. Début du problème *converso* au Portugal.

1501-1526 : Conversion forcée au christianisme des musulmans de Castille, puis d'Aragon. Naissance du problème morisque.

1517-1521 : Constitution de l'empire de Charles Quint, première puissance européenne, qui regroupe l'Espagne, les Flandres, l'Autriche, l'Allemagne et une partie de l'Italie.

1518 : Thèses de Wittenberg. Début de la Réforme luthérienne en Allemagne.

1531-1547 : Installation de l'Inquisition moderne au Portugal. Conflits de juridiction entre le pape et le roi.

Vers 1530-vers 1550 : Réorganisation de

l'Inquisition en Flandres pour enrayer les progrès du protestantisme.

1542 : Réorganisation de l'Inquisition romaine.

1544 : Publication du premier catalogue de livres interdits par l'Université de Paris.

1549-1562 : Concile de Trente. Début de la Contre-Réforme, réorganisation de l'Eglise catholique.

1557 : Découvertes de noyaux protestants en Espagne.

1567 : Révolte des Flandres contre l'Espagne.

1569-1572 : Révolte des morisques de Grenade.

1574 : Organisation des Congrégations romaines, conseils qui se partagent l'administration de l'Eglise catholique. Le Saint Office constitue la première d'entre elles.

1580-1640 : Union dynastique de l'Espagne et du Portugal. Afflux en Espagne de *cristãos novos* portugais.

1609-1610 : Expulsion des morisques d'Espagne.

1633 : Condamnation définitive de Galilée par l'Inquisition romaine.

1640 : Révolte du Portugal contre l'Espagne. Fin de l'union dynastique entre les deux pays.

1648 : Paix de Westphalie. Fin de l'hégémonie espagnole en Europe.

1649-1657 : Grave conflit au Portugal entre l'Inquisition et le roi.

1691 : Dernier autodafé public de l'Inquisition d'Espagne.

Vers 1768 : Réforme (en fait quasi-abolition) de l'Inquisition portugaise par une série de décrets du ministre Pombal.

Fin du XVIIIe siècle : Abolition de l'Inquisition dans la plupart des Etats italiens.

1820 : Abolition de fait de l'Inquisition espagnole.

1821 : Abolition de l'Inquisition au Portugal.

1908 : Réorganisation de l'Inquisition romaine.

1920 : Canonisation de Jeanne d'Arc.

1962-1965 : Concile Vatican II.

1965 : Réforme de l'Inquisition romaine qui devient la Congrégation pour la Doctrine de la foi. Disparition de l'Index romain.

1985 : Déclaration du pape Jean-Paul II réhabilitant Galilée.

Pour approfondir

Cette bibliograhie n'est pas complète. Elle ne relève pas les ouvrages que nous avons utilisés pour écrire ce livre, mais ceux qui permettront au lecteur d'aller plus loin dans la connaissance de l'Office. Elle ne cite, sauf exception, que des œuvres en français.

Sur l'Inquisition en général :

La grande bibliographie de Van der Vekene (Emil), *Biblioteca Bibliographica Historiae Sanctae Inquisitionis*, Topos Verlag, Vaduz, 1982, 2vol. est une mine inépuisable, mais ne peut guère être maniée que par des professionnels.

Il existe plusieurs ouvrages anciens, parfois récemment réédités sans changements, comme le livre de Verill (Alphacus Hyatt), *L'Inquisition*, Payot, Paris, 1932, 261 p. (réédition : Payot, Paris, 1980), souvent inexact.

Plus sûrs, mais datant un peu : Dominique (Pierre), *L'Inquisition*, Librairie Académique Perrin, Paris, 1969, 344 p. et Testas (Guy et Jean),

L'Inquisition, P.U.F., coll. « Que sais-je », Paris, 1966, 127 p.

Louis Sala-Molins a traduit des extraits du *Manuel des inquisiteurs* de Nicolas Eymerich (XVIe siècle), revisé par Francisco Peña (XVIe siècle), qui décrit les bases juridiques sur lesquelles s'appuyait l'Office. Ouvrage intéressant et lisible, quoique le choix des textes soit parfois discutable.

De bonne qualité, utile et à jour, le numéro spécial de la revue *Notre Histoire*, mai 1987, n° 35, 78 p.

Sur l'Inquisition médiévale :

Guiraud (Jean), *Histoire de l'Inquisition au Moyen Age*, Auguste Picard, Paris, 1935-1938, 2 vol. reste important pour la description des événements, bien que vieilli. Du même, on lira *L'Inquisition médiévale*, Libr. Jules Tallandier, Paris, 1978, 240 p., ouvrage de qualité, mais bien plus ancien que ne le laisse croire la date de publication. Une bonne synthèse, à jour, mais en anglais : Hamilton (Bernard), *The Medieval Inquisition*, Edward Arnold, Londres, 1981, 111 p. On trouvera d'excellentes mises au point, qui ont renouvelé la question, dans les *Cahiers de Fanjeaux*, publiés chaque année par la Librairie Privat, de Toulouse : ils contiennent les communications faites aux Journées du même nom. Intéressent directement le sujet les numéros 6, « Le Credo, la Morale et l'Inquisition » (1971) ; 16, « Bernard Gui et son monde » (biographie d'un inquisiteur célèbre) (1981) et 20, « Effacement du catharisme ? (XIIIe-XIVe siècles) » (1985). Les articles, entre autres, de Jean Duvernoy, Jean-Louis Biget, Yves Dossat, Patrick Henriet et Raoul Manselli sont capitaux.

Le Roy Ladurie (Emmanuel), *Montaillou, village occitan de 1294 à 1324*, Gallimard, Paris, 1975, 642 p., décrit à travers les archives de l'Inquisition la vie d'une communauté pyrénéenne où les cathares sont présents. Voir aussi : Audisio (Gabriel), *Le barde et l'inquisiteur. Procès du barde vaudois Pierre Griot par l'inquisiteur Jean de Roma* (Apt, 1532), Edisud, Aix-en-Provence, 1978, 194 p.

Sur l'Inquisition espagnole :

Kamen (Henry), *Histoire de l'Inquisition espagnole*, Albin Michel, Paris, 1966, 344 p., qui résume en grande partie Lea (Charles Henry), *A History of the Inquisition of Spain*, Mac Millan, Londres et New York, 1906-1908, 4 vol. (réed. American Scholar Publications, New York, 1966). Une édition profondément remaniée de cet ouvrage est parue récemment en Angleterre et en Espagne, mais n'a pas, à ma connaissance, été traduite en français.

Bennassar (Bartolomé), *L'Inquisition espagnole. XVe-XIXe siècles*, Hachette, Paris, 1979, 402 p., très lisible, et bien au courant des tendances récentes (Edition de poche dans la collection Marabout).

Plùs technique : Dedieu (Jean Pierre), *L'administration de la foi. L'Inquisition de Tolède et les vieux-chrétiens — XVIe-XVIIe siècles*, Publications de la Casa de Velazquez, Madrid, à paraître.

Sur les autres Inquisitions modernes :

La bibliographie est réduite et souvent ancienne, en français comme en langues étrangères.

Sur l'Inquisition italienne, pour retrouver la suite des événements, on en est réduit à consulter Pastor (Louis), *Histoire des papes depuis la fin du Moyen Age...*, trad. française Plon et Librairie d'Argences, Paris, 1925-1961, ouvrage publié à l'origine en Allemagne à la fin du XIXe siècle, qui ne traite qu'incidemment de l'Office et pour le seul XVIe siècle.

Sur l'Inquisition de Franche-Comté au XVIe siècle, un petit chef d'œuvre, quoique difficile à lire pour un non spécialiste : Febvre (Lucien), *Notes et documents sur la Réforme et l'Inquisition en Franche-Comté...*, Paris, 1911 (rééd. Lafitte Reprints, Marseille, 1976, 336 p.).

Sur l'organisation de la Curie et de la Congrégation du Saint Office au XXe siècle : Pichon (Charles), *Le Vatican hier et aujourd'hui*, 3e éd. révisée, Fayard, Paris, 1968, 583 p.

Table des matières

Introduction 7

I. Aux origines (XIe-XIIIe siècles) 11

a) Une Église dynamique dans un monde rénové 11

b) La naissance de l'Inquisition 15

II. L'Inquisition médiévale 21

a) L'apogée du XIIIe siècle 21

b) Le déclin (XIVe et XVe siècles)..... 31

III. L'Inquisition moderne 39

a) L'Inquisition espagnole 39

b) L'Inquisition portugaise.......... 49

c) L'Inquisition romaine............ 53

IV. Organisation administrative et financière 59

a) Le personnel..................... 59

b) Les finances du tribunal de la foi .. 67

V. Le procès. 73

a) Lope de Hinestrosa 73

b) Voyage au cœur de la justice 77

VI. Au service de l'Église et du roi 85

a) La répression des cultures minoritaires 85

b) Les vieux-chrétiens 90

c) L'alliance du trône et de l'autel ? .. 96

VII. Pamphlétaires, historiens et romanciers. L'image de l'Inquisition 99

a) Les archives de l'Inquisition moderne 99

b) Historiographie et littérature 102

Epilogue : le Saint Office romain 109

Chronologie 117

Pour approfondir 123

IMPRIMÉ EN FRANCE PAR BRODARD ET TAUPIN
Usine de la Flèche (Sarthe), le 02-09-1987.
N° d'édition : 8474.
Dépôt légal : septembre 1987.